艺术家传略丛书

Artists in Profile

表现主义艺术家与抽象表现主义艺术家

Expressionists
and
Abstract Expressionists

天津教育出版社
TIANJIN EDUCATION PRESS

A卷·表现主义艺术家

什么是表现主义？/6

马克思·贝克曼（Max Beckmann）1884~1950/13

詹姆士·恩索尔（James Ensor）1860~1949/16

瓦西里·康定斯基（Wassily Kandinsky）1866~1944/21

恩斯特·路德维格·基尔希纳（Ernst Ludwig Kirchner）1880~1938/26

保罗·克勒（Paul Klee）1879~1940/31

奥斯卡·科柯施卡（Oskar Kokoschka）1886~1980/36

凯绥·柯勒惠支（Käthe Kollwitz）1867~1945/41

奥古斯特·麦克（August Macke）1887~1914/46

弗朗茨·马尔克（Franz Marc）1880~1916/49

保拉·莫德索恩-贝克尔（Paula Modersohn-Becker）1876~1907/52

爱德华·蒙克（Edvard Munch）1863~1944/55

埃米尔·诺尔德（Emil Nolde）1867~1956/60

马克思·佩克斯坦（Max Pechstein）1881~1955/65

埃贡·席勒（Egon Schiele）1890~1918/68

新生代/71

B卷·抽象表现主义艺术家

什么是抽象表现主义？ /76

海伦·弗兰肯萨勒（Helen Frankenthaler）1928~ /83

阿希尔·高尔基（Arshile Gorky）1905~1948 /88

弗朗兹·克兰（Franz Kline）1910~1962 /91

依莲·德·库宁（Elaine de Kooning）1918~1989 /94

威廉·德·库宁（Willem de Kooning）1904~1997 /97

李·克拉斯（Lee Krasner）1908~1984 /102

罗伯特·马瑟韦尔（Robert Motherwell）1915~1991 /105

巴尼特·纽曼（Barnett Newman）1905~1970 /112

杰克逊·波洛克（Jackson Pollock）1912~1956 /117

阿德·莱因哈特（Ad Reinhardt）1913~1967 /124

马克·罗思科（Mark Rothko）1903~1970 /129

克里福德·斯蒂尔（Clyfford Still）1904~1980 /134

新生代 /139

A卷·表现主义

[英] 墨瑞丽恩·霍尔姆 圣布里奇克·麦肯齐 著

吴静 译

什么是表现主义？

表现主义艺术家们从丰富多彩的现实生活中提取素材，创作了大量优秀的艺术作品。虽然表现主义涵盖的范围很广，但本书中所提到的这些表现主义艺术家是1905年至1920年间活跃在德国表现主义运动舞台上的那部分群体。书中其他被提及的作家，有的是用作品影响了表现主义画家的创作，有的与表现主义画家有着共同的创作理念。在理念上，表现主义强调反传统，反对保守，要求变革。受凡·高艺术的影响，在创作上，不满足于对客观事物的摹写，而要求进一步表现事物的内在实质，突破对人的行为和人所处的环境的描绘，揭示人的灵魂和内心的感情世界，引起观众的强烈震撼和共鸣，给人们提供了看待周围世界的全新视角。表现主义的这一创作观点与野兽派亨利·马蒂斯的观点有所不同，后者认为艺术应该能给人带来内心的祥和与平静，起到抚慰的作用。

表现主义的创作受到民间艺术和原始绘画艺术，如非洲艺术的启发。其作品大都色彩鲜艳，轮廓粗犷，虽然在其间也能看见具体的形象，但绝不写实。它们直接、纯朴、直觉地表达了画家的情感。表现主义与野兽派的技法较为相近，它擅长运用扭曲的线条，或是粗犷的色彩轮廓。

表现主义不仅仅是一种绘画风格，其创作理念在戏剧、电影、文学以及建筑领域中都有所体现。表现主义艺术家的生平也有着许多共同之处，比如为了讨好父母，他们大都从学习应用工艺美术起步，如家具设计等。尽管他们后来也有了自己个性化的创作，但这些实用技巧仍会在他们的作品中有所体现。表现主义由于试图通过新的创作方式向传统而保守的社会观念发起挑战，而受到艺术评论家的公然嘲笑，并引起了公众的极度不满。不过，随着时代的发展，表现主义逐渐被人们所接受，甚至成为年轻人崇尚的对象。

★《花园建筑》，保罗·克勒（1920年）
表现主义画家在创作过程中改变了以往以写实为主的油画传统，注重通过作品来表达画家个人的真实情感。

第一次世界大战对表现主义艺术家影响很大。战争期间，他们有些人逃离了德国，过着流亡的生活；有些人从此就再也没能回去。他们中大部分人参了军，有的在战斗中不幸牺牲。参战之初，他们对战争抱有幻想，期望它能使这个腐化的世界变得更美好，但是战争爆发后不久，这个幻想就破灭了。在亲眼目睹了无数人流血牺牲、流离失所、痛苦挣扎的情景之后，这些艺术家的精神受到了极大的摧残。战后他们纷纷在作品中对当时所经历的恐惧和伤害进行了刻画。

一战结束后,表现主义在德国风靡一时,成为主流艺术。1933年,希特勒上台后情况随之发生了变化。在表现主义作品中,希特勒看到了不利于德国当时所采取的种族灭绝政策的倾向,便宣称表现主义艺术家都是"堕落分子",迫使他们在德国社会中无立足之地,纷纷失去工作甚至被迫离开了祖国。1937年,纳粹当局从德国博物馆搜罗出上千件表现主义作品,并组织了一场名为"堕落艺术"的大型展览,以此来宣扬这种艺术形式的腐朽和颓废。

表现主义艺术家都过着放荡不羁的波希米亚式生活。这些人从来都闲不住,总是不停地四处奔波,寻找新的创作理念和志同道合的人;他们还经常出国去欣赏其他艺术家的作品,尤其是到法国,那里的凡·高、马蒂斯和德洛内都是他们的偶像。这些人大多上过艺术学校,受过良好的教育,本身就是出色的思想家和作家,但他们还非常喜欢社交,因而结识了很多国外的艺术工作者和思想家。很快,表现主义的范畴就超越了个人情感的表达。很多表现主义艺术家都成为其所在艺术团体中的活跃分子,他们经常举办集体作品展,有时还会公开发表一些令人震惊的言论。这才是纳粹当局压制他们的真正原因。

虽然表现主义艺术家有着相同的创作理念,喜欢集体行动,但是总的来说,表现主义关注的

温森特·凡·高 (Vincent van Gogh) 1853~1890

凡·高是后印象派的著名画家,他的艺术对德国表现主义和法国野兽派都有重要的影响。他用生动的色彩和夸张的、旋涡般的笔触来表达自己对自然的独特理解。他笔下所描绘的一切事物都蕴含着强大的生命力和令人眩目的动感。凡·高曾宣称,"我对客观事物的摹写不感兴趣,我要表达的是内心的感情,因此,我对色彩的使用更为随意。"1888年,这位荷兰画家搬到了法国南部的阿尔居住。在这个风景如画的地方,凡·高在两年时间里创作了二百多幅油画。但由于间歇性疯病的困扰,他于1890年开枪自杀。

野兽派和马蒂斯（Matisse）

1905年，在巴黎举办的一场"秋季沙龙"引发了20世纪第一场先锋艺术运动。马蒂斯、戴朗、弗拉曼克等画家在这里展出了他们用色生动的新作。整个画坛很快便为这种醒目而粗犷的绘画风格找到一个代名词——"野兽"。野兽派对德国表现主义影响很大。

亨利·马蒂斯是野兽派的代表人物。他曾说过："我所追求的是一种均衡、纯粹和宁静的艺术，它避开令人烦恼或沮丧的题材，对每个人的心灵都产生安抚和慰藉的作用，如同一把舒适的安乐椅，让您在身体疲乏的时候可以坐下来休息。"这句话将马蒂斯与其他表现主义艺术家区分开来：与马蒂斯明快欢乐的创作风格不同，表现主义认为艺术应该体现人类的一切真实情感，哪怕它是丑陋的或是残暴的也无所谓。

还是个体的内在力量。他们认为在绘画中，个人的内心情感起到了决定性的作用，它不该被压抑。他们同时认为人们的眼睛总是受到情感的左右，仿佛戴上了有色眼镜，于是会以各自的独特视角来看待同一个世界。

"桥"社

在德语中，Brücke是"桥"的意思。从这个团体的名字我们可以看出，"桥"社的艺术家想通过艺术创建一座通往未来的桥梁，同时他们也试图在美术创作和实用设计之间搭建一座沟通的桥梁。这是一个由一群热爱绘画的建筑系学生1905年在德累斯顿组建的艺术团体。发起人是恩斯特·基尔希纳，成员包括弗里茨·布莱依尔、恩里克·黑克尔和卡尔·施密特-鲁特勒夫。他们认为画家应该摆脱传统固有的价值观念和风格的约束，尽情地表现内心的感受。

他们在1906发表的"宣言"中说："我们相信进步，坚信我们是极具创新性和鉴赏力的一代年轻人。我们是未来的希望。年轻人,请站出来,把我们从顽固的旧势力中解放出来,让我们自由地创作、自在地生活。"

"桥"社创作的作品主要集中于描绘裸体人物和不经修饰的大自然景象。同"蓝骑士"相比,"桥"社的作品更为粗犷,棱角分明,明亮调子和深调子形成了强烈的色彩冲撞。因为没有受过专业训练,有些人认为他们的作品非常粗糙;但也有些人认为这样正好可以真实反映内心的情感。除了油画,他们还创作了大量的木版画。在他们看来,这种黑白对比强烈的德国古典艺术形式同样适合表现主义的创作。他们还复制了很多他们的作品,以便能有更多的人看到或是拥有他们的作品。

"蓝骑士"

在德语中,"Der Blaue Reiter"的意思是"蓝骑士"。它其实并不是一个艺术团体的名字,而是一本杂志的名称,其内容主要涉及艺术、音乐和戏剧,刊登了许多民间艺术、中世纪艺术和埃及艺术作品。儿童的涂鸦以及野兽派、表现主义艺术家的作品也被收录其中。它是1912年由瓦西里·康定斯基、保罗·克勒、弗朗茨·马尔克、奥古斯特·麦克、加布里埃尔·明特和亚里克西·冯·雅夫伦斯基共同编撰的。这些艺术家当时都住在慕尼黑或是慕尼黑近郊,他们对非具象画都非常感兴趣。在他们看来,艺术不必做自然的反射镜。"蓝骑士"的作品总是色彩丰富,极具抽象性(尤其是康定斯基的作品),比"桥"社的作品更具装饰性,也更具吸引力。德国民间艺术和俄罗斯民间艺术中的传奇故事、简洁的木刻风格以及直白的构图都对他们有直接的影响。

包豪斯建筑艺术学院

包豪斯建筑艺术学院可以算得上是现代主义的摇篮。它是沃尔特·格罗佩斯在1919年创建

★《男性头部》,卡尔·施密特-鲁特勒夫(1917年)
　　施密特-鲁特勒夫是"桥"社的创办者之一,他曾经也是建筑系学生,埃米尔·诺尔德就是经他介绍进入这一团体的。

的。为了能把美术创作与实用设计结合起来,格罗佩斯当时雇用了包括康定斯基和克勒在内的一大批画家作为授课老师,培养建筑和设计专业学生对于色彩和形式的敏感性。典型的包豪斯式设计是非常讲究几何对称的,与表现主义风格有所不同,它强调简洁明了。战争期间,该校虽然三次转移办学地点,但最终还是于1933年被纳粹当局关闭。

★《蓝骑士》,瓦西里·康定斯基(1912年)

　　这本杂志是由康定斯基和马尔克共同编纂的,其中收录了许多表现主义和野兽派画家的作品。康定斯基于1930年回忆道:"当时我和马尔克正在新德尔斯多夫公园里喝咖啡。我们都喜欢蓝色,马尔克喜欢马,我喜欢骑马,这本杂志的名字就自然而然地诞生了。"

马克思·贝克曼(Max Beckmann) 1884~1950

- 1884年2月12日生于德国中部城市莱比锡
- 1950年12月27日在纽约中央公园散步时,突发心脏病去世

主要作品

《戴着红丝巾的自画像》(1917年) 《夜》(1918年~1919年) 《犹太会堂》(1919年)

《狂欢节》(1920年) 《假面舞会之前》(1922年) 《出发》(1932年~1935年)

1938年,贝克曼在谈及自己的作品时说:"我在作品中试图体现隐藏在所谓'现实'背后的真相,从而寻找出一条能够从有形过渡到无形的途径。"

马克思·贝克曼1884年出生在德国中部城市莱比锡,他是家里的第三个孩子。父亲是一位面粉批发商。1894年父亲去世后,他们从莱比锡搬到了布伦瑞克,贝克曼也到了上学的年龄。贝克曼从5岁时就开始画画,甚至因此而荒废了课业。但在母亲的支持下,年仅15岁的他休学后考取了魏玛美术学院,在那里学习了三年的人物素描,为今后的创作奠定了良好的基本功。1903年贝克曼有机会去巴黎参观。隔年因为获奖,他又留学意大利,在佛罗伦萨美术学院学习了六个月。在那里,贝克曼亲眼看到了许多向往已久的早期宗教艺术作品。1905年他来到德国的文化和政治中心——柏林。

贝克曼的早期作品表现出巴黎印象派和后印象派的风格。1906年,他因作品《海边的年轻人》,在德国艺术家协会的评选中获奖,随后加入"柏林分离派"。同年,他与明娜结婚。明娜也是一位画家,两人在魏玛学院时就已经相识。婚后,贝克曼的作品转向了法国早期绘画和荷兰绘画

★ 《穿着晚礼服的自画像》，马克思·贝克曼（1927年）

奥托·迪克斯（Otto Dix）1891~1969

奥托·迪克斯和贝克曼还有乔治·格罗茨是20世纪20年代"新客观派"的三位代表人物。迪克斯在1927年发表了这样的观点："对我来说形式总是先于内容，我们总是先看到客观事物，然后才会赋予它不同的内涵。"他还参与了达达主义运动。这一运动诞生于一战后的欧洲，反对战争和暴力，在艺术创作上主张荒谬和偶然性因素。迪克斯和贝克曼一样，行为较为激进，在德累斯顿艺术学院任教授期间，他仍公开表明自己的政治主张，因而受到纳粹当局的迫害而失去了工作。他的作品也被打上了"堕落艺术"的标签。1939年他甚至因为计划刺杀希特勒而被送进了监狱。

★ 《狂欢节》，马克思·贝克曼（1920年）

贝克曼的绘画风格在第一次世界大战后有了转变，与早期的宗教场景不同，他此时的创作色彩阴沉，形象恐怖。

乔治·格罗茨 (George Grosz) 1893~1959

乔治·格罗茨是"新客观派"的另一位代表人物,他也对虚无的达达主义非常感兴趣。在柏林时,他参与组建了一间达达俱乐部,编撰了俱乐部杂志,甚至还组织了一次达达主义作品展。与迪克斯一样,格罗茨也反对武力,所以他是在极不情愿的情况下参加一战的。他曾两次被遣送回家,还曾经因为殴打军官而受到军事法庭的审判。为了表明对自己德国身份的厌恶之情,他与朋友约翰·哈特菲尔德将他们的名字改成了符合英语习惯的拼写方式。他们还经常在寄给对方的名信片上画上小插图,含蓄地表明对德国政府的不满。1931年,他的作品也被贴上"堕落艺术"的标签。为了躲避纳粹当局的迫害,格罗茨来到纽约成为了一名讲师。1959年在回到西柏林时,他形容自己的美国梦"是一个巨大的肥皂泡"(他的艺术创作在美国并没有引起多大的反响)。1959年,格罗茨因从楼梯上摔下来而不幸逝世。

的风格,以描绘圣经和神话场景为主要题材。

但是,第一次世界大战的爆发改变了这一切。1914年,贝克曼自愿报名参加了医疗救护队,在那里他每天都会见到很多重伤的士兵。这段经历简直是一场噩梦,一年后他因此患上精神分裂症,不得不被送进位于法兰克福的一所部队医院进行治疗。

在住院治疗的两年时间里,贝克曼继续创作,他试图通过作品来体现他在战争中所经历的恐惧。这个时期他作品的主题从圣经场景转向描写人类的残忍和痛苦。作品中的人物大都是畸形和病态的,带着愤懑、凄怅而又茫然不知所措的面部表情,给人一种惊悚的感觉。作品中的这种焦虑感标志着他的创作风格开始向表现主义靠拢。当众多表现主义画家试图在抽象技法中寻求出路的时候,贝克曼却反其道而行,决心要当一名历史画家。他当然不是为了借此鼓吹统治者的光辉形象,而是要把那些饱受战争折磨的欧洲民众的形象真实地记录下来。

贝克曼习惯在巨幅的画布上作画,采用比喻性的三联画形式,这使作品显得更为庄严,更容易引起人们的关注。贝克曼逐渐成为德国最具影响力的画家之一,也成为"新客观派"的成员。

1925年,41岁的贝克曼成为法兰克福一所艺术学校的老师。同年,他与明娜离婚并娶了玛蒂尔德·冯·考尔巴克为妻,在他后来的很多主要作品中都可以看见他妻子的身影。1929年贝克曼晋升为教授,并在其后的四年里举办了几场重要的作品展。因为杰出的艺术成就,他曾多次获奖。1933年希特勒上台后,贝克曼由于作品中所包含的政治因素而被逐出学校。与其他表现主义艺术家的遭遇相同,他的作品也被贴上了"堕落艺术"的标签,成为社会道德沦丧的标志。他随后来到了柏林,但也遭受了冷遇。1937年,纳粹当局从全德国的博物馆中查抄没收了贝克曼的作品总计590幅之多。这时,他发觉自己的人身安全受到了威胁,于是和妻子一起逃往荷兰。为了表达对这一粗暴行为的愤慨,他还专门撰写了一篇名为《我的绘画思想》的文章,不过他把很大的篇幅用在讨论政治而不是绘画思想上。当时的荷兰也不是久留之地,因为它已被德国占领,而且二战期间当地生活极为贫困。战争结束后,贝克曼设法于1947年移民到了美国,先后在华盛顿和纽约教书。此时的他已经是大家公认的20世纪艺术的代表人物。贝克曼一生都在坚持艺术创作,直到生命的最后一刻。1950年12月27日,他在纽约中央公园散步时,因心脏病发作去世。

詹姆士·恩索尔 (James Ensor) 1860~1949

- 1860年4月13日生于比利时西北部的港口城市奥斯坦德
- 1949年于奥斯坦德去世

主要作品

《吃牡蛎的女人》(1882年)　《耶稣来到布鲁塞尔》(1888年)　《互相取暖的骷髅》(1889年)

20世纪初,在表现主义运动开始之前,詹姆士·恩索尔就已经创作了一些带有表现主义色彩的作品。他的作品给保罗·克勒留下了深刻的印象,后者还收藏了他的一幅蚀刻画。

恩索尔的父亲来自英国,母亲是比利时人。他还有一个妹妹玛丽埃塔。他的父母开了一家纪念品商店,售卖各式各样的古怪面具、小木偶,还有各种颜色的奇特小玩意。对于一个极富天分而又富有想像力的男孩来说,这儿简直就是一个宝库。这些面具和小木偶后来在他的作品中以各种形式出现过。不过,真正对他的艺术创造产生关键影响的是比利时历史上的两位著名艺术家博斯(1450~1516)和老勃鲁盖尔(1525~1569)。他们在作品中描绘了许多可怕而又搞笑的怪物和复杂而又独具风格的变形人,恩索尔从中汲取了不少创作灵感。

1877年至1880年期间,恩索尔在布鲁塞尔美术学院学习。当时盛行明亮而欢快的印象派风格,然而在恩索尔早期较为成熟的作品里,我们所看到的却是用阴暗的色调所表现出的内心世界。从1880年到1900年的20年是他创作的高峰期。恩索尔22岁时就已经分别在布鲁塞尔和巴黎享有盛名的沙龙举办个人作品展了。

在那些来奥斯坦德度假的游客身上,恩索尔看尽了人们内心的空虚和言行的粗鄙,他把对他们的反感也融入了创作题材。随后他创作了《吃牡蛎的女人》等作品,但其独特的风格颇具争议,因而被展览馆退了回来。此后,他把早期作品中的面具和骷髅重新引入了作品当中,对当时社会上的种种不良行为进行了批判。在作品《大教堂》中,他描绘了一群正在表演着一幕宗教讽刺剧的演员,他们行为疯癫,而且都戴着面具,作品针对人们对宗教的不真诚进行了批判。

1883年,"二十人社"成立。1884年,恩索尔的作品参加了他们组织举办的第一届展览。但是,随着法国艺术的日益盛行,恩索尔的影响力逐渐减弱。1889年,他的作品《耶稣来到布鲁塞尔》引起了公众的极度不满,结果他被逐出了"二十人社"。

虽然恩索尔性格孤僻,经常闷闷不乐,但他仍不失为一位极具独创性的画家。他一生都在创作政治题材的作品,对国家、教会甚至国王都进行过批判。但是令人吃惊的是,比利时国王竟然在1929年授予他男爵爵位,这充分说明了他的艺术感染力。在有生之年,恩索尔就已经成为享有国际盛誉的画家。如今,他更被看作是表现主义的奠基人之一。恩索尔在奥斯坦德安然地度过他生命中最后的20年,并不断接受那些仰慕他的年轻艺术家和作家的访问。1949年他于奥斯坦德家中去世,享年89岁。

★《自画像,与面具一起》,詹姆士·恩索尔(1899年)

恩索尔创作早期所受到的影响,在这幅作品中可见一斑。整幅画面挤满了各种面具和骷髅。它们或是隐藏着的,或是变了形的。

瓦西里·康定斯基（Wassily Kandinsky）1866~1944

- 1866年12月4日生于莫斯科
- 1944年12月13日在法国去世

主要作品

《哥萨克人》（1910年~1911年）　《即兴创作，第19号》（1911年）

《带黑色的弓形》（1912年）　《朦胧的即兴创作》（1913年）

　　康定斯基30岁起才开始正规地学习绘画，虽然起步很晚，但是他的艺术生涯持续了很长时间，因此取得了非凡的艺术成就，被誉为现代抽象艺术的奠基人。

　　康定斯基1866年生于莫斯科一个知识分子家庭。他家境富裕，父亲是莫斯科一家大型茶叶公司的老板。他的童年是在意大利的佛罗伦萨度过的。直到1871年，由于父亲的健康每况愈下，全家人搬回了俄罗斯的奥德萨。不久之后，父母离婚，康定斯基在姨母的抚养下长大。

　　康定斯基从小就受到了很好的文化艺术熏陶。他的父母非常喜欢音乐，康定斯基幼年就开始学习钢琴和大提琴。他对于色彩和绘画的热爱是从姨母送给他的一套水彩颜料开始的。闲暇时间，在姨母和父亲的鼓励下，他开始尝试着画画。高中时，尽管他在课余时间也学习绘画和音乐，但却从来没想过自己将来要以它们为生。

　　1886年到1892年，康定斯基考入了莫斯科大学，攻读经济和法律学位。在毕业那年，他娶了表妹为妻，并留校在法律系作了讲师。他还经营过一家美术印刷厂。爱沙尼亚的塔土大学曾邀请他去授课，不过他拒绝了。比起艺术创作，他的教师生活无趣而辛苦。一次，他偶然参观了一场印

★康定斯基1913年6月摄于慕尼黑家中。

象派大师莫奈的作品展,深深地为其中的一幅作品所触动。他第一次感到艺术可以超越形式,产生深刻的影响力。他在那里驻足观看了许久之后,才从目录中了解到这是一幅描绘干草堆的作品。自此,他才下定决心辞退了工作,开始了职业艺术生涯。

1896年,康定斯基举家搬到了德国艺术活动的中心——慕尼黑,拜斯洛文尼亚现实主义画家安东为师。但是,此时的他急于求成,无法安心练习进度缓慢的人体素描,他迫切地想尽快学到所有的绘画技巧。于是,他花了一年的时间离家在外写生,探索对色彩的运用。当时,慕尼黑美

★《哥萨克人》,瓦西里·康定斯基(1910年~1911年)
康定斯基的表现主义风格体现在着色上,就像这幅作品,他使用了他喜欢的原色。他认为纯色会最大程度地感染人,但作品的主题并不重要。

术学院是所有艺术学生向往的地方,那里有非常知名的弗兰茨·冯·施图克所教授的绘画课。康定斯基也曾两度向学校提出了入学申请,终于在第三次申请时获得了入学资格,成为了施图克的学生。虽然从弗兰茨那里学到了很多东西,但这里的学习氛围让他感到窒息,僵化教条的学院课程使他的艺术创造力和自由都受到压抑。

1901年,康定斯基离开了慕尼黑美术学院,创立方阵艺术家协会,并创建了方阵艺术学校。在随后的三年里他们组织举办了一些展览会。1903年,他们还组织展出了莫奈的16幅作品。康定斯基还制作木版画,设计了许多新艺术风格的服装和海报。此时他的作品装饰性很强,大多描绘带有浓厚民间色彩的田园风光。非凡的成就使他获得了多项艺术奖项,其作品展遍及欧洲各国。

离开俄罗斯时,他的第一次婚姻就已经出现了裂痕,最终他们在1903年离了婚。1902年,他遇到了后来的第二任妻子,画家加布里埃尔·明特。在随后的六年里,他们经常一起出去游历,足迹遍布了意大利、荷兰、法国、瑞士、突尼斯和俄国。1908年他们回到慕尼黑定居。同年夏天,他们一起去了巴伐利亚乡村的茂瑙,并被乡村那宁静的生活氛围所感染。所以隔年明特在那里买了一所房子。此后,明特就一直没离开过那里,康定斯基也经常去那看她。他们的艺术家朋友玛丽安和阿历克西也住在那里,他们一同生活,一起创作。康定斯基此时的创作色彩更为朴拙,轮廓也更为粗犷。一天,他无意中看到了自己一幅靠放在墙边的作品,在晦暗的光线下呈现出一种朦胧的美感。他的灵感被激发了,从此他开始尝试创作抽象主义的作品(最终于1913年奠定了风格)。

1910年,康定斯基结识了弗朗茨·马尔克,他是为数不多的对康定斯基当时的新作表示出赞同和欣赏的画家之一。一年后,他们一起召集了许多艺术家创建了"蓝骑士"并共同编创了《蓝骑士》杂志。1912年,康定斯基还发表了自己第一部关于抽象艺术的重要理论著作《论艺术的精神》,书中阐述了他的艺术理论——认为色彩和轮廓可以表现人的精神内涵。这本书自问世以来,便受到了热烈的欢迎。

1914年一战爆发后,因为他的俄国身份,康定斯基在德国受到了迫害,不得不回到了俄国。1916年他与加布里埃尔·明特离婚。在家族影响力的帮助下,他在俄国非常顺利,于1917年十月革命后在政府担任了一系列的要职,对当时俄国的文化发展起到了极大的推动作用。他还被任命为莫斯科美术学院的教授,并于1921年协助组建了俄罗斯博物馆。但是,因为康定斯基的"抽象创作"与当时俄国构成主义者所推崇的"生产艺术"存在着较大分歧,他又被迫回到了德国。

1922年至1933年间,康定斯基先后在魏玛和德累斯顿的包豪斯建筑艺术学院任教。1924年他与雅夫伦斯基、克勒和法宁格共同组建了"蓝色四人组"。此时的他已经脱离了表现主义的影响,创作出纯粹的抽象风格的作品。1933年,纳粹上台后关闭了包豪斯建筑艺术学院。康定斯基随后去了法国,住在巴黎附近,并于1944年在那里逝世。

恩斯特·路德维格·基尔希纳（Ernst Ludwig Kirchner）1880~1938

- 1880年5月6日生于巴伐利亚德累斯顿
- 1938年6月15日在瑞士的达沃斯逝世

主要作品

《柏林街头》（1913年）　《街上的五个女人》（1913年）　《饮酒者》（自画像）（1915年）

《自画像——士兵》（1915年）

★《饮酒者》（自画像），恩斯特·路德维格·基尔希纳（1915年）一战期间，基尔希纳受战争影响而患上精神分裂症，他深受疾病困扰。这幅画是他在柏林创作的，回忆起当时的场景时，他心有余悸地说："那些日子里，军车日夜不停地从我的窗下嘶鸣而过。"

基尔希纳是"桥"社的创建人和领导人之一。他相貌堂堂,颇具领导才华。但是他性情暴躁,因此失去了很多朋友并最终导致了自杀的结局。他一生创作了上万幅的油画、木版画和艺术设计作品。

基尔希纳1880年出生在德国。母亲是玛丽娅·伊莉斯,父亲是恩斯特·基尔希纳。他还有两个弟弟汉斯·沃尔特和乌尔里奇。在开姆尼斯,他与恩里克·黑克尔和卡尔·施密特-鲁特勒夫念的是同一所小学。在幼年时他就显露出了绘画方面的天赋,在父母的表扬和鼓励下,这一才能得到了进一步地发展。但是,同所有的父母一样,他们希望基尔希纳能学些实用技能,而不是以艺术为

恩里克·黑克尔(Erich Heckel)1883~1970 和

卡尔·施密特-鲁特勒夫(Karl Schmidt-Rottluff)1884~1976

他们都参与了"桥"社的创办,并且也都曾在开姆尼斯上小学,但是比基尔希纳要晚上四年,所以当时他们并不相识。直到1904年黑克尔来到德累斯顿学习建筑,才与基尔希纳成为了朋友。后来卡尔·施密特-鲁特勒夫也进入该校学习,但他只呆了两个学期就离开了。

黑克尔为人非常热情,充满自信,正是他的积极努力才使得这四个人走到了一起。在一间废旧的肉铺——黑克尔的工作室里,他们一起创作。"蓝骑士"这个名字是施密特-鲁特勒夫提出来的。他不像基尔希纳和黑克尔那样,热衷于大家在同一间画室里一起工作,也不怎么喜欢一同去湖边旅行。他当时的创作只局限于风景画,从不涉及人物,作品大多描绘了风景宜人的北海海边或是挪威的景色。这也许跟埃米尔·诺尔德有关,因为正是施密特-鲁特勒夫把埃米尔·诺尔德介绍到团体中来的。从1914年起,施密特-鲁特勒夫的画风开始发生变化,不过笔下的人物大多是表情忧伤的女性,以此来表现即将到来的战争给人们造成的心理阴影。由于受非洲和太平洋岛上土著雕塑的启发,他也开始创作木雕人物。1915年至1918年间,他参加了一战。

职业。所以基尔希纳服从了父亲的意愿,于1901年考取了德累斯顿技术学校,学习建筑。1903年到1904年,他的生活出现了重大的转折。1903年,他来到了慕尼黑,在一所实验艺术学校学习。在此期间,他多次参观法国艺术展,还去纽伦堡附近作了一次短途旅行。在这里,他欣赏了15世纪

★《一群艺术家》,恩斯特·路德维格·基尔希纳(1926年)

　　这幅作品是在"蓝骑士"解散之后创作的。基尔希纳试图在这里重现他们四人之间的友谊。但是,值得留意的是,他将黑克尔放在了自己和施密特-鲁特勒夫之间,而他们曾经是团体中矛盾冲突最大的两个人。

德国最伟大的版画家之一丢勒的作品。从此,基尔希纳立志要成为一名职业画家。不过他必须首先取得建筑学的文凭。于是1904年,基尔希纳回到了德累斯顿,并于1905年毕业。在那里,他先结识了弗里茨·布莱依尔,后来又与恩里克·黑克尔和卡尔·施密特-鲁特勒夫结为了好友。他们四人的共同点就是对美术的喜爱要远远超出了对建筑的兴趣。

1905年6月7日,基尔希纳和他的三个朋友一起组建了"蓝骑士",并由他执笔起草了"行动宣言"。1908年,他们同野兽派画家一起举办展览。受其影响,基尔希纳的作品也变得明快而大胆了许多。展览得到了公众的热烈欢迎,获得了极大的成功,但是基尔希纳的父母对儿子所选择的事业仍感到非常担心。在以后的日子里,虽然他们依然不同意儿子以艺术为生,但当基尔希纳陷入经济窘境时,他们还是会伸出援手。

1908年基尔希纳携女友艾米·弗里茨和她的哥哥来到了波罗的海的费马恩岛游玩,那忧郁的蓝色海洋给他留下了深刻的印象。回去后他就提议"蓝骑士"的成员离开德累斯顿,去更亲近大自然的地方度过炎热的夏天。从1909年开始的连续三年,每到夏天他们都会带着朋友和模特,一起到莫里茨堡的湖边消闲度假,进行创作。当时创作的许多作品都表现了人与大自然的关系。1911年,基尔希纳从德累斯顿搬到了柏林,那些浪漫情怀逐渐被都市的紧张生活所取代。在他围绕都市生活进行的创作中,他减少了装饰性的描绘,增加了奇特而尖锐的笔触,描绘了城市生活中的紧张和坚韧。比如,在他笔下出现了妓女的形象和人们走上街头的场景。独自居住在柏林的基尔希纳远离了"蓝骑士"中的朋友,经常感到孤独和不安。不久,他结识了厄纳·希林,此人后来成为他一生的事业伙伴。

1913年,基尔希纳出版了他所撰写的"蓝骑士"的历史,这成为导致这一团体分裂的导火索。在文中他写道,所有的点子都是他一人想出来的,其他人只是应和而已。这样的表述过于武断,因此招致其他成员的一致反对。他随后还竭力表明"蓝骑士"的这段经历对他的艺术发展没有推动作用。另外,当一战爆发时,他明明是主动报名参军的,可是在文中却宣称自己是"最不自愿的志愿者"。事实证明军队生活的确不适合他,因为一年后他就被部队开除了。1916年,他是这样描绘战争给他带来的恐惧的:"最让人难以忍受的是打仗的压力和逐渐上升的虚无感。战场仿佛是沾满了鲜血的狂欢会,我感到所有的一切似乎都颠倒了。"他的精神随之崩溃,被送进了医院进行治疗。因为害怕病好后又会被送上战场,他便不配合治疗,而是越来越依赖于安眠药、麻醉剂和酒精来麻醉自己。所以,直到1918年他才离开医院。不过,住院期间他依然坚持作画,还为当时所住的医院做了木刻模型。

在友人的鼓励下,基尔希纳决定离开德国搬到对健康更为有利的地方居住。于是1918年,在一个看护的陪伴下他离开了医院,在瑞士达沃斯附近租了一个农场。此时,他在柏林的画室便交给厄纳·希林照顾。在乡村宁静祥和的氛围下,他的病情有了起色,他重新恢复了丧失已久的与人交往的能力,并与周围的农夫相处愉快。此时他的作品又回到了人与自然的主题。1919年,他这样回忆当时农场的景色:"天刚蒙蒙亮,还可以看见月亮那淡黄的光晕,太阳虽然还没升起,但在它的光芒映衬下,云彩略带着粉红色,重重山脉笼罩在纯粹的深蓝色之中。"几年后他搬到了瑞士的维尔德伯顿继续作画,并在那里举办了几场作品展。但是成功和宁静的生活无法消弭纳粹当局对他造成的伤害。1937年,他的作品也被打上了"堕落艺术"的标签。德国博物馆所收藏的他的639幅作品全部被没收,除了少数被卖往国外以外,其余的全都被销毁。为了保障安全,他给自己和希林弄到了瑞士公民的身份。但是这一切打击还是加重了他的抑郁,1938年,他最终选择了自杀。

保罗·克勒 (Paul Klee) 1879~1940

- 1879年12月18日生于位于瑞士首都伯尔尼附近的曼彻布斯
- 1940年6月29日于瑞士的玛拉托洛迦诺逝世

主要作品

《在圣热尔曼酒店》(突尼斯)(1914年)　《动物园》(1918年)　《狗舌草》(1922年)

《山上的狂欢节》(1924年)

作为表现主义的代表人物之一,保罗·克勒风格独特,他一生创作了将近8,000幅艺术作品。与其他表现主义画家不同的是,他的作品笔触细腻、充满了想像力。就其绘画风格而言,更接近超现实主义。但是,他喜欢被冠以"表现主义艺术家"的称号,这也许是因为他总是试图寻找各种途径以"揭露那些隐藏在背后的秘密"。在创作中,他不注重写实,而是力图表达内心对于周围世界的认知和感受。

保罗·克勒于1879年12月18日出生于瑞士附近的曼彻布斯。他是汉斯·克勒家中的第二个孩子。母亲伊达是一位职业歌手,瑞士人;父亲汉斯·克勒是一位音乐教师,德国人。保罗和姐姐玛蒂尔德都随父亲的德国国籍。保罗·克勒继承了父亲的幽默感和音乐天分,是一名优秀的小提琴演奏者。除了音乐之外,克勒还有另一种天分,那就是一心二用!他能同时做到左手画画、右手写字。在学校时,因为聪明机灵,他很受老师和同学们的喜爱。总是在不停地画着什么,甚至在课堂上也不例外,各种动植物,小猫、小鸟,还有鱼儿们都曾进入到他的图画中去。他在音乐、诗歌和艺术方面也都表现出色,所以从一开始,他就似乎注定会成为一名艺术家。同康定斯基的经历相似，克勒也想离开瑞士，到聚集了众多先锋艺术家的城市去学习。19岁时，他开始在一家私人艺术学校学习，也就在这时，他遇到了钢琴演奏师莉莉·施顿普夫，她后来成为他的妻子。1900年，即康定斯基进入慕尼黑美术学院学习的同一年，克勒也来到了弗兰茨的课堂上，在这里，他努力

★《从暗夜中出现》，保罗·克勒（1918年）
克勒经常在作品中使用字母和数字作为连接梦想与现实的纽带。

学习如何运用色彩,但是却不得要领。弗兰茨不仅没有给他多大的帮助,甚至还建议他放弃绘画,改行去做雕塑家。可是,他并没有因此而放弃。1901年,克勒在与朋友——雕塑家赫尔曼·哈勒一起去意大利游历期间,学到了很多,尤其为达芬奇的作品而着迷。

但是绘画并没有给他带来收入。于是,克勒于1902年回到了伯尔尼,在一家交响乐团担任小提琴手,同时继续他的绘画学习。1905年,他到巴黎旅行,第一次接触到法国现代艺术的他却说这没什么好学的。尽管他的绘画技巧一直在进步,但是克勒仍不满足,他仍努力寻找自己所向往

★摄于1921年,当时他刚到柏林包豪斯设计学院执教不久。

的绘画表达方式。他此时所展出的一些作品因为其"疯狂的剖析"而招致了批评。人们认为其作品的形式过于奇异和畸形。1906年，他与莉莉·施顿普夫结婚。婚后，他们在慕尼黑的一间小公寓里安了家。施顿普夫在外教钢琴，他则在家里继续创作。1907年，他们的儿子费利克斯出生了。但是，此时的克勒在艺术界仍然是无名小卒，于是他成了一名"家庭主夫"，在家照顾孩子和管理家务，全靠妻子代课挣钱维持生计。

1908年，克勒参观了两场凡·高的作品展，被他作品中独特的表达方式所震惊。但是，他知道自己并不具备凡·高那样悲剧式的情感，自然也不能创作出凡·高那样的作品。曾有一位伯尔尼的朋友给他寄过詹姆士·恩索尔的作品，他也非常欣赏恩索尔的创作技巧。但是，直到1909年他看到了塞尚作品展的那一刻，他才欣喜地惊呼道："这才是我要找的老师，他要比凡·高强上一百倍！"塞尚的作品更为细腻和严谨，他所表达的情感也不像凡·高那么强烈，因而更适合克勒。

1909年，克勒根据想象和梦境中的景象创作了大量作品，并称这种绘画过程为"灵魂的即兴创作"。他还喜欢从大自然中提取素材，但是他注重的是大自然景物在内心所引起的感受，而不

罗伯特·德洛内 (Robert Delaunay) 1885~1941

罗伯特·德劳内是法国画家，奥费主义运动（俄耳甫斯主义）的创始人之一。奥费主义是立体主义的一个分支，重视丰富而鲜艳的色彩的运用。德劳内的妻子——时尚设计师索妮娅·德劳内也为奥费主义运动的发展做出了重要贡献。他们在创作中探索色彩与运动之间的联系，强调颜色优先性。1912年，他们的作品开始变得非常抽象。马尔克和麦克曾经见过德劳内的"窗"系列作品，对那破碎的、仿佛是被水晶折射过的画面印象深刻。他们在作品中借鉴了德洛内的某些技巧，那些如碎片般的几何图形和分解的飞机残骸使得作品更为抽象。

是对景物本身的刻画。

1910年,克勒在瑞士和慕尼黑举办了巡回展览,获得了成功。1911年,他结识了奥古斯特·麦克,并通过其介绍认识了康定斯基,后来他也同弗朗茨·马尔克成为了朋友。同年,他的作品参加了"蓝骑士"举办的第二次展览。因为这些画家都非常注重颜色的运用,克勒受其影响,也开始研究纯粹的色彩——不是自然界里的颜色,而是颜料绘画箱里的色彩。1912年,在"蓝骑士"成员的引见下,克勒在巴黎见到了罗伯特·德洛内。他非常欣赏德洛内创作的作品,还将德洛内关于"窗户"和"光线"的文章译成了德语。

1914年,克勒与他的艺术家朋友麦克一起前往北非的突尼斯旅行。在突尼斯,他终于找到了寻求已久的在绘画和色彩上的突破,"色彩占据了我,……色彩与我是一个统一体,而我是一名画家"。这次旅途中的很多美景都给他留下了深刻的印象,以至于多年以后他的作品里还会出现这些景象。他也参加了一战,但并没有在前线战斗,而是在飞行学校担任财务秘书。工作之余,他有许多空闲时间进行绘画,飞机的机翼成了他最常见的绘画对象。但是,好友马尔克在战争中的不幸逝世让他感到非常难过。

1919年,在慕尼黑举办的一次展览展出了克勒的362幅作品,为他赢得了国际声誉。1920年,他受邀到包豪斯艺术设计学院执教,遂与家人一起来到了柏林,并随着校址的变更而几度搬家。在包豪斯执教期间,他不仅是一位能够激发学生灵感的老师,同时也是一位多产的艺术理论作家。1930年,他离开包豪斯来到杜塞尔多夫艺术学院任教。纳粹上台后,克勒组织运动抗议纳粹当局对表现主义画家的不公正评价,结果在1933年被学校开除。他回到了伯尔尼,对当时的政治形势深感忧虑,早年喜用的明亮色彩变得晦暗,传达了深切的悲哀。后来他患上了硬化症,这是一种罕见的疾病,身体的各个部位,如皮肤、心脏和肺等都会硬化,这也是最终导致他1940年去逝的原因。克勒一直坚持创作,直到生命的最后一刻。

奥斯卡·科柯施卡（Oskar Kokoschka）1886~1980

- 1886年3月1日出生于奥地利多瑙河畔的勃克拉姆
- 1980年2月22日于瑞士蒙特勒附近的维伦纽夫去世

主要作品

《凶手，女人的希望》（1909年）　《赫沃斯·瓦尔登的画像》（1910年）

《基督的诱惑》（1911年~1912年）　《风暴》又名《风中新娘》（1914年）

《移民》（1916年~1917年）

　　与本书中的其他画家不同，科柯施卡一生的创作都没有背离表现主义。他天性敏感，作品中种种技巧的运用都是为了一个共同的目的——传递内心情感。因为一直饱受神经痛的困扰，他在作品中运用纷乱的线条将这种痛苦表现在作品人物身上。他在一生中都面临着生存压力和个人喜好两者之间的艰难选择。

　　科柯施卡1886年出生于奥地利多瑙河畔的勃克拉姆。他的父亲古斯塔夫是一名金匠，出身于捷克首都布拉格的一个上流社会家庭。母亲罗玛娜是奥地利皇室林务官之女。受母亲的影响，科柯施卡从小就非常热爱大自然。家里共有四个孩子，他是次子，但是哥哥幼年就不幸夭折。他本来应该顺从父亲的意愿成为一名药剂研究人员，但是维也纳应用艺术学校的老师非常欣赏他的绘画作品，给他提供了一笔奖学金，希望他能够到该校学习。1905年，科柯施卡19岁时开始了学业，并打算学成后去做一名艺术老师。当时学校教授的都是植物花卉的绘画技法，不允许学生描画人物。他还在那里学会了美术字制作、版画复制和装订。

1906年的一次偶然的机会，科柯施卡看到了凡·高的作品展。与装饰性绘画恬淡的风格不同，凡·高的作品色彩明亮强烈，刻画深入。科柯施卡受其影响，开始自己找机会进行人物绘画，还专门雇用了模特。不过他大都选择那些瘦弱的模特，尤其是马戏团的孩子，这样便可以清楚地观察他们的关节骨骼和肌肉线条。因为需要挣钱谋生，他只得同时继续自己的应用艺术创作。在1907年至1909年间，他加入了维也纳工作室，开始在那里设计挂毯，画书页插图，终于有了展示自己艺术才华的机会。

科柯施卡还创作了一部名为《凶手，女人的希望》的戏剧，该剧于1909年上映。但是上映后却因为其中的场景过于暴力、结构过于松散而受到了一致批评。不过，他为该剧绘制的宣传海报

★《音乐的力量》，奥斯卡·科柯施卡（1918年）
这幅作品创作之时，科柯施卡开始有了一定的艺术知名度，但他的经济状况却依然没有得到改善。

却引起了建筑师阿道夫·卢斯的注意,卢斯提出,只要科柯施卡愿意离开维也纳工作室,就会为他出资,委托他创作肖像画。科柯施卡欣然接受了这个他等待已久的机会。在卢斯的引见下,他结识了许多奥地利的名流和艺术家,并开始为他们绘制肖像画。但是画完后,却有很多人表示不满意。他们拒绝购买,还戏称科柯施卡为"灵魂杀手"。这是因为科柯施卡的作品总是能剥去人们的社会面具,暴露出隐藏其下的灵魂本质,这自然不会令他受到欢迎。

1910年,科柯施卡搬到了当时世界上重要的艺术中心——柏林。在卢斯的帮助下,他在一家名为《风暴》的杂志社找了份工作。在此期间,他创作了更多的肖像画,虽然它们并没有给他带来收入,但是他开始小有名气。他和编辑赫沃斯·瓦尔登一起在《风暴》杂志社的工作也为他赢得了极大的赞誉。他回忆到,"我参与创办了德国第一本当代艺术杂志,为它作平面设计、写诗,还兼作剧评、广告经理,甚至发行。"但是,尽管声明远扬,他的收入却依然少得可怜。

一年过后,科柯施卡厌倦了这种贫困而艰苦的生活,回到了他在维也纳的亲人身边,开始在应用技术学校任教并因此得到了一份稳定的收入。在此期间,他还继续在德国举办展览,并给《风暴》杂志投稿。但是,维也纳人当时还不能接受他的艺术风格,他1911年在此举办的展览也遭到评论家们的严厉批评。

奥地利作曲家、指挥家古斯塔夫·马勒的遗孀阿尔玛·马勒曾经是科柯施卡的情人,这也是他第一次坠入爱河。1913年,他们一起去意大利游览。期间,他从威尼斯画家提香和丁托列托的作品中获得了创作灵感。这段风流韵事于1914年他报名参军时中止。战斗中,一粒子弹穿过了他的头部,他的肺部也严重受伤,因此被送到部队医院治疗了很长时间。不过幸好战争并没有对他的精神状态造成太大的影响。1917年,他搬到了德累斯顿继续绘画,并不断受到伤病的折磨,尤其是他的听力因为头部中弹而逐渐衰退。为了排遣孤独,他做了一个真人大小的娃娃,终日与他做伴——它既是他的朋友,也是他的模特,科柯施卡的很多作品都是以它为主角的。与此同时,

★奥斯卡·科柯施卡,摄于画室中。

科柯施卡的艺术事业也越来越成功。1919年,他被德累斯顿美术学院授予了教授职位。此后,他的作品受到了热烈的欢迎,也为他带来了巨额的收入。但是他把挣来的大部分钱都给了家里,所以他从来都没有特别富裕过。

从1923年起到1980年逝世之前,科柯施卡总共在五个国家居住过。因为不愿意承担太多的行政职务,在听说自己将被任命为院长之际,他突然离开了德累斯顿去了瑞士。但是在听到父亲病重的消息后又回到了维也纳。父亲死后,他又来到了巴黎。当时他每天都去卢浮宫参观艺术作品,但是自己却很少动笔创作。随后他又去了欧洲、北非和中东的许多国家游历、创作,直到1933年才重新回到维也纳。一年后,他又搬到了住在捷克布拉格的妹妹那里,并在那遇见了他后来的妻子。1938年,为了逃避纳粹当局的迫害,他和妻子以难民的身份移民到了伦敦。1947年,他成为了英国公民。科柯施卡1953年最终在瑞士日内瓦湖畔的维伦纽夫定居,并在此度过了余生。上了年纪之后,他的视力逐渐衰退,可是直到去世他都一直坚持创作。科柯施卡是一位长寿的画家,1980年他去世时,离他94岁的生日仅有一周时间了。

凯绥·柯勒惠支（Käthe Kollwitz）1867~1945

- 1867年7月8日生于东普鲁士的柯尼斯堡（二战后划归苏联，现名加里宁格勒）
- 1945年4月22日在德国德累斯顿附近的摩里兹堡逝世

主要作品

《织工的反抗》（组画）（1893年~1897年）　《农民战争》（组画）（1902年~1908年）

《母与子》（1919年）　《死亡》（组画）（1934年~1935年）

在世人认为女性不可能创作出严肃艺术的年代里，凯绥·柯勒惠支便执著于成为一名艺术家，她也确实做到了这一点。她那无畏的斗争精神、先进的艺术思想、动人的作品都给世人留下了深刻的印象。

1876年柯勒惠支出生于东普鲁士的柯尼斯堡，她是家中的第三个孩子。她的哥哥康拉特是个社会主义者，姐姐叫朱莉，下面还有一个妹妹莉萨，跟她感情最好。父亲卡尔·施密特是个水泥匠。柯勒惠支是在一个具有民主主义思想影响的家庭环境里成长起来的。她回忆道，"从孩提时代起，父亲就相信我能成为一名艺术家。对于这一点，他非常有信心"。14岁时，她开始和画家鲁都夫·玛尔学习素描，以后又学了铜刻和石版技术。

17岁时柯勒惠支正式进入柏林女子绘画学校学习——当时的女子是很难有机会进入著名的艺术学校学习的。在此期间，她接触到了马克思·克林格的著作，尤其喜爱他的系列作品《一生》，她还读了左拉的著作，并深受他们思想的影响。从那时起，她开始了自己的美术创作，用木版画和石版画来揭露社会的不公正。

1891年,她与哥哥的好友卡尔·柯勒惠支结婚。丈夫是名医生,也是个社会主义者。他们居住在柏林的工人区,开了一间保健所,专为工人们看病。这使她对下层人民的悲惨生活有了更深刻的了解,也对柏林社会的贫富不公深恶痛绝。柯勒惠支开始试图通过艺术创作来为广大的无产者呐喊,揭露这个社会的不公。她主要采用两种方式进行创作:一是制作版画,将其印刷成一张张海报,以低廉的价格售出;另一个是制作雕塑,用人物的姿势和表情来表现强烈的情感。其作品简洁有力,大胆而沉着,清晰地表明了她的政治主张。1895年至1898年间,因受大戏剧家格·霍普特曼的剧本《织工们》的启发,她创作了《织工的反抗》组画,它由三幅石版画和三幅铜版画组成。1899年作品展出时,受到了进步人士的热烈欢迎,她也从此步入了艺术名家的行列。

★柯勒惠支1932年摄于工作室中。
"母与子"是柯勒惠支作品的一个永恒主题。照片中她正在创作的雕塑中,一位母亲正搂着她的两个孩子。

1898年,柯勒惠支成为第一个被柏林女子绘画学校聘为教授的女画家。这充分体现了社会对她艺术成就的重视和肯定。1904年她进入朱莉安美术学院学习雕塑,并与雕塑家罗丹相识。1907年,她获得了罗马别墅奖,并因此有机会去意大利的佛罗伦萨参观旅行。1909年,回到德国后,柯勒惠支开始为一本艺术杂志《单纯》绘制插图。她还积极投入到民主政治运动中去。1910年起,她开始专注于雕塑作品的创作。

一战爆发后不久,就传来了柯勒惠支的小儿子彼得在前线牺牲的消息。这是一次沉重的打击,但这并没有使她因此而消沉下去,反而更加促使她努力创作,令她决心用自己的作品去进行反战斗争,来揭露统治阶层是如何通过剥削劳动人民去发动战争和扩大他们的工业资本的。

在作品中,她试图刻画出战争给人们带来的苦难、悲哀、抗议、愤怒和斗争,尤其是对于母亲们和孩子们的伤害,如1919年她创作的《母与子》,1923年创作的《幸存者》等。在她的感召下,其他画家,如贝克曼、格罗茨和迪克斯等也创作了大量反战题材的作品,真实地再现了当时严酷的社会现实。不过,柯勒惠支一直是其中最为投入的一个,创作了众多描写战后人们的困苦和挣扎的作品。

当时柯勒惠支还为各类援助组织创作了大量海报,以引起公众对于德国民众所受困苦的关注。1920年,她加入了由著名科学家爱因斯坦、乔治·格罗茨等人士发起的"国际工人救援会",并为其创作了一系列海报,包括"救救苏联"、"维也纳正在死去!救救她的孩子们"等。柯勒惠支表示,"我愿意为那些陷入迷茫、需要援助的人们指引方向"。

1926年,柯勒惠支和丈夫来到了儿子在比利时的墓地。1931年她最终完成了为纪念儿子彼得而作的纪念雕像,并在柏林美术学院的春季展览会上展出。随后它便被运到了比利时,并永远留在了那里。这一作品为她带来了巨大的赞誉,进一步奠定了她的艺术地位——她不仅是一位画家,同时也是一名雕塑家。

20世纪20年代至30年代初,柯勒惠支在艺术界的活动非常频繁,同时她也是一位备受尊敬的艺术家。她组织了平面绘画艺术大师课,1928年,她成为第一个被普鲁士艺术学院聘为院长的女艺术家。但是,当纳粹掌权后,一切都结束了。由于1932年她曾经在一份反对纳粹当局的联和声明上签名,她被赶出了学院,并被剥夺了教授的头衔。但是,她继续在杂志上发表小幅作品,用画笔来战斗,申明自己反战和反霸权的政治主张。1934年至1935年间,她创作的石版组画《死亡》就充分表现了她对法西斯政权的愤恨。

柯勒惠支的作品虽然未被打上"堕落艺术"的标签,但是却被禁止展出。与其他画家不同的是,在战争年代,她坚持留在了祖国,尽管当时柏林的局势非常动荡,经常会遭到盟军的轰炸。二战爆发后,历史再一次重演了悲剧,她的孙子(也叫彼得),同样在战斗中牺牲。她的丈夫也于1940年去世。1943年,她的房子和画室都遭到了轰炸,她大部分的生平创作都被烧毁了。从1943年起,她便一直过着隐居的生活。1945年纳粹崩溃的前夕,她在离德累斯顿不远的摩里兹堡与世长辞,终年78岁。

★《回忆中的女人，Ⅱ》，凯绥·柯勒惠支（1920年）
　　柯勒惠支是个喜欢画自画像的画家，她一生中自年轻姑娘时期开始，到面容衰老、白发苍苍的老妇人时期，大约创作了100余幅自画像。这幅作品大致创作于她被柏林女子绘画学校聘为教授的时期。

奥古斯特·麦克（August Macke）1887~1914

- 1887年1月3日生于德国
- 1914年9月26日卒于法国东北部的香槟

主要作品

《动物园，第1号》（1912年）

《明亮而巨大的商店窗户》（1912年）

《穿绿夹克的女士》（1913年）

《林中的女孩》（1914年）

★《奥克斯特·麦克》，米勒（1906年）
麦克是最多产的表现主义艺术家之一。

奥古斯特·麦克是"蓝骑士"的主要成员之一，他多姿多彩的作品一直备受观众喜爱。与其他成员相比，他作品中的抽象风格不太显著。这是因为他英年早逝，中断了艺术创作的结果。麦克并不追求"精神世界"的表现，也未在抽象化道路上走得太远。他的艺术风格从总体上看来是自然而具象的。

奥古斯特·麦克1887年出生于德国。父亲奥古斯特·弗雷德里克·赫尔曼是一位建筑工程师，母亲弗洛伦蒂纳是农夫的女儿。他还有一个姐姐，叫奥特里埃。从幼年起，麦克就显示出非凡的艺术才华。他从15岁时开始创作，17岁到19岁间，在杜塞尔多夫艺术学院和应用技术学院学习。课余还为那里的剧院设计舞台背景和演出服装，其设计体现出强烈的色彩和结构意识。1905年，为了从其他艺术作品中汲取养分，提高自己的创作水平，麦克动身前往欧洲游历。在两年的时间里,他先后去了意大利、比利时、荷兰和英国。1907年6月,作为这次旅行的最后一站,他来到了巴黎。在这里,他亲眼见到了以前只是在书本上见过的许多印象派画家的作品,他尤其对莫奈和德加的作品赞叹不已。同年10月,他进入了柏林的路维斯·克林斯绘画学校学习。但是,在巴黎的强烈诱惑下,他重回巴黎——这里聚集了众多艺术家的作品,是艺术爱好者的天堂。

1903年,麦克在上学路上遇见了当时只有15岁的伊丽莎白·盖哈特,他们一见钟情,并于1909年结婚,在巴黎度过蜜月后,他们来到波恩附近的乡间住了一年。这是他一生中最幸福的时光,共创作了将近200幅作品。他在日记中这样写道:″我现在非常努力。工作对我来说就是记载下每一个喜悦的瞬间。大自然、阳光、树木、植物、人、动物、花朵、罐子、桌子、椅子、群山,甚至是

★《开罗安,第1号》,奥古斯特·麦克(1914年)
    这幅作品与其他的36幅作品,都是在突尼斯的两周假期内完成的,在这段时间里麦克还创作了上千幅素描。

万物在水面上的倒影,这一切的一切都激发了我的创作灵感。"

1909年年底,麦克加入慕尼黑新艺术家协会。在布莱克画廊,他一看到马尔克的作品就被深深地吸引了,之后他设法联系上了马尔克,他们成为一生的挚友。1910年4月,他的大儿子沃尔特出生。同年11月,全家回到了波恩。1911年,他开始为"蓝骑士"杂志撰稿。1912年,他同马尔克一起去巴黎游览,在那里见到了他们都非常崇拜的画家罗伯特·德洛内,后来彼此也都成为了朋友。

1913年2月,麦克的二儿子小麦克出生。这年底,他突发奇想,打算去北非的突尼斯画画。在此之前,他曾经去过瑞士的图恩湖写生,回忆起当时的情景,他说,"整个世界就好像一幅可以看得见的诗篇"。他认为去不同于欧洲的地方游历将会使这一诗篇更为纯粹。1914年,他与在瑞士结识的保罗·克勒结伴去了突尼斯。他们虽然只在那里呆了两周的时间,但是他却创作出了37幅美丽的水彩画。回家后,这段经历还激发了他的灵感,令他打算创作一系列的大型作品,但是,作品没有来得及完成——创作进行了仅六周后他就应征入伍,参加了第一次世界大战。1914年9月26日,在法国香槟附近的一次战役中,他不幸牺牲。

弗朗茨·马尔克 (Franz Marc) 1880~1916

- 1880年2月8日生于德国慕尼黑
- 1916年3月4日卒于法国凡尔登

主要作品

《蓝马》(1911年)　《红色雄鹿II》　(1912年)

《老虎》(1912年)　《动物的命运》(1913年)

★照片摄于1912年。弗朗茨·马尔克同他的朋友奥古斯特·麦克一样，也在一战中牺牲了。

弗朗茨·马尔克的作品大多以动物为描绘对象，他也是"蓝骑士"的主要成员。他认为艺术家应该审视自己的内心，这样才能使作品得到升华。

马尔克于1880年出生。父亲维尔汉姆·马尔克以前是学法律的，但后来成了慕尼黑学院的美术教授。母亲来自法国的阿尔萨斯。他还有一个哥哥，名叫保罗。马尔克最初打算学习宗教，但是由于他要去服一年的兵役，所以不得不推迟了学业。服役归来后，他认为只有当画家才能实现他的精神理想。因此，他进入慕尼黑美术学院开始学习艺术和哲学。1903年，他首次来到巴黎旅游，在这里看到了许多印象派画家的作品，这对他后来的创作产生了深刻的影响。马尔克的艺术主张强调表现自然形象的精神实质，这一点与印象派侧重描写外部形象的创作恰巧相反。

1904年马尔克决定离开学校。1905年，他发表了第一幅以动物为素材的作品。他对自己的作品非常挑剔，经常撕毁不满意的作品，尤其是描绘人物的作品。1907年，他开始在柏林动物园学习动物解剖学。他竭力记住了它们的结构，这样在以后的创作中就不再需要观察动物的外形，就能创作出更接近他想象中的形象,从而创造出体现内在精神的作品。从1907年起的三年时间里,他还在工作室里教授解剖学。1906年,他娶了学生玛莉·舒讷为妻,但是这桩短暂的婚姻并没有给他带来幸福。一年之后,他遇见了玛莉娅·弗兰克尔,他们于1908年结婚,婚后生活美满幸福。

1910年,画商布莱克帮助马尔克在慕尼黑的一间画廊举办了他的首次作品展。评论家们对

★《蓝马Ⅰ》,弗朗茨·马尔克(1911年)
　　弗朗茨·马尔克擅长刻画动物,特别是马。他一生创作了大量关于马的作品。这幅作品大胆而超现实的用色给作品赋予了强烈的生命力。

他的创作表示了肯定。许多画家,如麦克在展览后开始与他联系,并与他成为了朋友。当时,马尔克的经济状况并不乐观,幸好麦克的一个亲戚会定期从马尔克手里购买作品,这对他帮助很大。1911年,马尔克与康定斯基、雅夫伦斯基还有麦克一起开始着手进行"蓝骑士"的创办工作。

　　1912年,马尔克与麦克一同去了法国旅行,这次旅行对他来说意义非凡。他在法国见到了罗伯特·德洛内,并被德洛内的艺术观点深深地吸引了。但是,马尔克非常不赞同贝克曼的艺术主张,他们经常在杂志上发表文章进行争论。贝克曼认为能娴熟地刻画外物形态的作品就是好的艺术作品,这与马尔克注重内心情感刻画的观点完全相反。

　　1914年一战爆发,马尔克志愿报名参军。他梦想着战争能够清除旧社会和旧文化中的一切毒瘤,带来新的血液和生命力,但他却没有活到看见梦想实现的那一天。1916年3月4日,他在凡尔登牺牲了。柏林斯特姆画廊特意举办了一次展览以纪念他的英年早逝,这也是对他艺术成就的充分肯定。

保拉·莫德索恩-贝克尔 (Paula Modersohn-Becker) 1876~1907

- 1876年2月8日生于德国德累斯顿
- 1907年11月20日在德国沃普斯韦德逝世

主要作品

《戴着琥珀项链的自画像》（1906年）　《拿着金鱼缸的裸女》（1906年）

《向日葵与静物》（1907年）

保拉·莫德索恩-贝克尔一生只卖出过三件作品，她生前不为人知，但如今却赫赫有名。她的创作打破了当时的许多艺术惯例。她以自己为模特练习创作裸体画。作品中所显现的强大形式力量把她与同时代的其他画家区分开来。她的一生仿佛一部经典的悲剧，讲述了一位女性是如何在丈夫与工作之间苦苦挣扎，寻找她所渴望的自由。

★ 《拿着山茶花的自画像》，保拉·莫德索恩-贝克尔（1907年）

保拉·莫德索恩-贝克尔也许是她所生活的那个时代里最著名的女艺术家。她的一生虽然短暂，但还是创作了750幅作品。

1876年2月,保拉·莫德索恩-贝克尔出生在德累斯顿,她出身高贵,是家里的第三个孩子。她从小就立志要当一名画家,但开始时遭到了父亲的反对,所以1893年到1895年间,她不得不遵从父亲的意愿为做教师而接受培训。1896年,她终于说服父亲在经济上资助她,进入柏林女子绘画学校学习。

1897年,在位于柏林附近的沃普斯韦德村,贝克尔遇到了未来的丈夫——风景画画家奥托·莫德索恩。这个村落是由弗里茨·麦肯森于1884年建立的,一群为了描绘地方风景的画家在此定居,他们一同创作,并聆听麦肯森的指导。这个村落建在一片荒凉但却风景优美的沼泽地上,正是这样的环境促使这些画家在创作中力图表现恬静释然、简单自由的田园生活。

但是,这种恬淡的创作并不能使贝克尔得到满足,她渴望开阔眼界,到更广阔的天地里去施展拳脚。1900年1月,她一来到巴黎,就被那里的艺术氛围深深感染,她还结识了埃米尔·诺尔德。这年年底,她回到了沃普斯韦德,同抒情诗人赖内·马利亚·里尔克结为了密友。1901年5月25日,她嫁给了奥托·莫德索恩。婚后,因为有了经济保障,她可以专注于艺术创作,而她此时的创作摆脱了透视的层次和规律,用物体的颜色和颜色之间的相互关系来表现层次感,这在当时受到了包括她丈夫在内的其他画家的反对。丈夫认为她的作品过于粗俗。1903年,他在日记中写道:"贝克尔憎恨所有的规范,可是她已陷入了歧途。她笔下所有的东西都非常生硬、丑陋、古怪和笨拙。虽然用色非常到位,但是她的作品没有形式,也没有风格。她画的人物——手扭曲得好像汤匙,鼻子好像是七叶树的果实,嘴巴好像煤气筒,面部表情像低能儿。她已经走到了极端,但是她很固执、不听我的劝告。"

可是丈夫并不知道,这种朴素的表达方式并不是儿童似的缺乏技巧的幼稚涂鸦,而是在精心研究古希腊、古埃及以及古罗马艺术的基础上形成的。贝克尔的创作对象也不是异想天开或是凭空捏造出来的,而是以她自己和当地农民,尤其是妇女和儿童的形象为原型创作出来的。

1903年到1906年间,贝克尔三次到巴黎旅行,每次都在那里呆上很长时间。与柯勒惠支的经历相似,她也结识了雕塑家罗丹,也在朱莉安学院学习。在此期间,她的创作受到了凡·高、塞尚,还有纳比画派的影响,开始注重创作写意式的理性作品,远离那些五光十色的视觉刺激。

1906年到1907年的一年间,贝克尔一直呆在巴黎,远离了丈夫的掌控,专注于自己的艺术创作。但是冬天的时候,丈夫来到了巴黎跟她一起生活。在春天到来的时候,她发现自己怀孕了,所以在丈夫的劝说之下,他们一起回到了沃普斯韦德。他们的女儿玛蒂尔德在1907年11月出生,对此她感到幸福无比。但是不幸的是,在玛蒂尔德出生后不久,贝克尔就因动脉栓塞而病故。

爱德华·蒙克（Edvard Munch）1863~1944

- 1863年12月12日生于位于挪威南部洛顿附近的一个农场里
- 1944年1月23日由于肺炎，在挪威奥斯陆郊外逝世

主要作品

《病室中的死亡》（1892年） 《呐喊》（1893年） 《病床前》（1895年）

《五叶地锦》（1898年） 《病孩》（1907年）

蒙克是挪威历史上最著名的现代画家，他的作品对"桥"社成员的创作产生了极大的影响。虽然他从不自称是表现主义画家，但是蒙克的作品却总是充斥着强烈的情感，特别是忧伤和悲痛的情绪。他写道，"自从记事起，深度的焦虑就一直伴随着我，于是我就在作品中努力把它表现出来"。

1863年，在蒙克出生后不久，一家人就搬到了克里斯丁亚那，也就是现在的奥斯陆。蒙克出身于一个名门望族，家里共有五个孩子，他是老二。蒙克的父亲克里斯丁是个军医，父亲家的成员多是神职人员，他的叔叔彼得是挪威最著名的历史学家，母亲劳拉出身于殷实之家。我们对于蒙克的生平都是从他的日记和他与姐姐英格尔及姨母凯伦的往来书信中获知的。1868年，在蒙克5岁时，他的母亲死于肺病，姨母从此就承担起了照顾他们生活的重任。她温柔善良、情感丰富，在她的鼓励下，蒙克的艺术才华才得到了施展。从她写给蒙克的信中我们可以看出，她的睿智、同情和鼓励一直陪伴着蒙克，支持他度过人生中最艰难的时刻。母亲的去世对父亲的影响很大，令他成为一个虔诚的基督徒。但是他的情绪极不稳定，经常是一会儿风趣幽默，一会儿就狂

★蒙克的一生经历了太多的悲伤痛苦，因此在他的作品中随处可见忧伤和悲痛的情绪。

躁易怒、痛打孩子。蒙克写道，"我是个没有妈妈的孩子，幼时的我体弱多病，经常受到不公正的对待。父亲的巴掌似乎就在我的头顶上悬着，随时都有可能落下"。母亲的去世和父亲的抑郁对蒙克的影响很大。

但是，蒙克也享受过零星的幸福时刻。蒙克非常喜欢与父亲一起去医院看他的病人。在这里他可以给这些病人画素描，还学习如何把许多人物构筑到同一画面当中。

病痛是蒙克作品中经常出现的主题。他自幼体弱多病，曾因支气管炎而引发哮喘，他的风湿也很严重，还间歇发了好几次高烧。1879年，他14岁的姐姐索菲亚同母亲一样因肺病死去。肺病是一种慢慢夺取人生命的疾病，病人在临死前都会承受巨大的痛苦。亲眼目睹挚爱的亲人在自己面前死去，对于一个敏感的男孩来说，那种触动相当大。8年后，蒙克通过创作作品《病孩》来描绘这一痛苦经历，并以这个场景创作了六幅不同版本的作品。在今天看来，这幅作品没有什么超常规的地方，但是1886年第一次在奥斯陆秋季展览会展出的时候，却因为惊世骇俗而受到保守派批评家的攻击。

蒙克的父亲本希望他成为一名工程师，但是不久就因为对他失望之极而放弃了。在父亲的允许下，蒙克17岁进入奥斯陆工艺美术学校，开始系统地学习绘画。1881年，他创作出第一幅重要作品《病房》，随后又创作了一些家人的肖像画。在此之后的20年间，他的足迹遍布法国、意大利和德国。1885年在巴黎，他开始接触到印象派艺术。从1890年起，纳比画派和后印象派，特别是凡·高、高更的作品开始引起他的注意。

蒙克作品中所蕴含的激情一直激励着其他表现主义画家的创作。19世纪90年代，蒙克开始着手创作他一生中最重要的作品——《生命》组画——如画家本人所说，它是一首"生命、爱情和死亡的诗歌"。1892年，蒙克在德国首都柏林举行个人画展，展出了55幅作品，包括《生命》组画中的部分主要作品和《病孩》。展览开幕后掀起轩然大波，柏林各界舆论哗然，嘲骂之声甚嚣尘上,一个星期后,画展便被强令关闭。尽管艺术当局批判了蒙克的创作技巧,称之为"随意地涂抹,描画的对象似人非人……这是对艺术的侮辱",但是,很多柏林的青年画家对蒙克所受到的不公正对待感到极度愤慨。他们为了支持蒙克,纷纷退出了柏林美术家协会,成立了自己的组织"柏林分离派"。在此之后蒙克一直呆在柏林,并在那里结交了很多朋友。不久,人们就逐渐地接

★《五叶地锦》,爱德华·蒙克(1898年)

　　蒙克被人们称为"表现主义绘画之父"。这幅作品是19世纪90年代以来蒙克最为世人所熟悉的作品。1892年至1908年的这16年间,它总共被展出了106次。

受了他那富于表现力的别具一格的艺术风格。1902年,他展出了《生命》组画的22幅作品,其中很多都是木版画和蚀刻画,比如《吻》和《呐喊》。无论是作品所刻画的对象,还是蒙克所运用的疯狂的线条和象征意义的符号,都表达出强烈的情感,引起了巨大的反响。

　　蒙克一生从未结过婚,他也不知该如何与女性相处。1908年,在经历了一次痛苦的恋爱之后,再加上过度疲劳和饮酒过量,在返回挪威的途中,他患上了精神分裂症,因此在丹麦哥本哈根的一个疗养院里修养了8个月。他写道,"我无法摆脱这一生所经历的疾病,它对我的艺术起了决定性的影响"。蒙克的作品也曾一度变得格调清新、色彩明亮。1914年,他回到挪威,为奥斯陆大学节日厅绘制大型系列壁画,壁画于1916年完成。他在作品中赞美了自然、科学和历史的积极力量。此后,他便一直在与疾病作斗争,并开始对自己的艺术产生怀疑。他的创作又开始出现象征悲观的意味,回到了早期充满痛苦、郁闷的风格上。此后,他一直呆在挪威。1916年,他在奥斯陆的伊克里定居,在孤独中度过了他一生中最后的时光。1933年,也就是他70岁时,他已经成为世界公认的艺术大师,但是纳粹当局以"堕落艺术"为借口,把他的作品从德国美术馆中撤了出来。1942年,他在美国举办了首次展览。1944年,他因肺炎在奥斯陆的伊克里安静地逝世,享年80岁。

埃米尔·诺尔德 (Emil Nolde) 1867~1956

- 1867年8月7日生于诺尔德的一个小村庄,位于丹麦附近的什勒斯威格,现属于德国
- 1956年3月16日于什勒斯威格逝世

主要作品

《孩子和大鸟》(1912年) 《基督的一生》(1911年~1912年)

《恶魔与学者》(1919年) 《在柠檬花园里》(1920年) 《舞者》(1920年)

诺尔德的艺术生涯受到两大因素的影响。一是在海浪拍击下的平坦而孤寂的海岸,这让他感受到了大自然的力量。在他的脑海里,鸟儿和其他动物的鸣叫都有了色彩,而自然的种种形态都幻化成奇异的生物。另一个影响则来自他那严厉的、宗教色彩浓郁的成长背景。他说:"当我还是个孩子的时候,我就对上帝许下诺言:长大后我会为他写一首赞美诗。这一誓言一直都没能实现。但是我创作了大量的作品,不知上帝可不可以把它们当作替代品?"

诺尔德于1867年8月7日出生,原名埃米勒·汉森。1901年,他以自己的出生地为名,改名为诺尔德。他的父母都是农民,他有三个兄弟。他们家族的九代人都在同一片土地上辛苦劳作,勉强维持着生计。19世纪80年代,诺尔德离家到工艺美术学校学习木刻。随后又去了柏林,他深深地被埃及艺术吸引,经常去博物馆临摹。

1892年,25岁的诺尔德在瑞士圣加仑美术学院任教,讲授装饰绘画。当时他对现代艺术一无所知,在那里,他接触到瑞士画家阿诺德·波克林和费丁南德的作品。他经常漫步在山间,边走边

★宗教和自然风景都影响了诺尔德的创作。他一直为其作品没有在教堂展示而深感遗憾。

回味他们的作品,从中捕捉创作灵感,创作出光影交织的高耸山峰,并把它们制成了一套明信片,获得了很好的销量。1896年他辞去了教师工作,全身心地投入到绘画创作中。

此后的5年时间中,他一边游历一边创作。他曾到过慕尼黑附近的达豪;在巴黎,他接触到印象派作品,并在朱莉安学院学习了一段时间;在哥本哈根,他遇到丹麦女演员阿达·维尔斯特普并与她结婚。

1901年,诺尔德和新婚的妻子一起来到了柏林。因为妻子的原因,他经常去剧院和助兴表演场所里画素描。他们于1903年在阿尔森岛安了家,夏天就住在渔夫的小屋里。此间,他创作了许多形象逼真的花园和海景画。冬天,他们回到柏林过冬。诺尔德38岁时在德累斯顿举办了自己的首场个人作品展览。"桥"社的一些成员非常欣赏他作品中颜色的"骚动",邀请他于1906年加入了该团体。但他只在该团体呆了18个月就离开了——加入"桥"社后,他发现自己与其他思想激进的成员无法达成一致,于是很快就退出了这个组织。

1908年,他开始步入知名画家的行列。

1909年,他尝试组成一个新的艺术团体,成员包括马蒂斯、贝克曼和蒙克等艺术家在内,但不幸以失败而告终。随后他参加了"柏林分离派"。同年,在一场大病之后,诺尔德开始创作充满离奇想象的带有浓厚宗教色彩的作品,这在当时备受争议。1910年,他的一幅《五旬节》遭到了"柏林分离派"的批判。为此,他激烈地对其进行了反驳,结果被驱逐出了这一团体。于是他同其他"桥"社的成员,如马克思·佩克斯坦等一起,又创建了"新分离派"。

在柏林期间,诺尔德经常呆在人类学博物馆里,并开始撰写《原始部落中的艺术表现》一书。1913年,他与妻子受邀参加了去新几内亚的一次科学探险,随后又去了俄国、韩国、中国、日本和帕劳群岛。与其他表现主义画家相同,诺尔德也很喜欢非洲艺术和其他的原始艺术形式,并为其大胆的形象、对比强烈的色彩所深深吸引。但是,他也对猎取敌人首级作为战利品的做法和

★《大海，Ⅲ》，埃米尔·诺尔德（1913年）

第一位给诺尔德写传记的作家马克思是这样描述诺尔德对于大海的热爱之情的："诺尔德比他之前任何一位画家都更了解大海。他并不是从沙滩上或是从一艘小船里去看大海的，大海似乎就存在于他的脑海中，而且永远波涛汹涌，不断变化……"。

食人的风俗感到毛骨悚然。在途中,他不停地用素描记录下沿途的所见所闻。在他绘画时,妻子就拿着枪站在他旁边。这段时间,他还创作了一些巨幅作品。但是在一战爆发时,这些作品都被英军掠走,直到多年以后才归还给他。

  20世纪20年代初,诺尔德更频繁地在欧洲旅行。1926年,他在自己的出生地附近买了一个农场。1937年,他在这里盖了一座宏伟的、极具现代风格的房子,还盖了一间很大的陈列室。但是同年,他的上千幅作品被纳粹当局从博物馆掠走。他一直以为自己是个杰出的德国人,甚至认为自己也是纳粹党的一员,所以当被冠以"堕落分子"的称号时,他惊愕不已。1941年,盖世太保突然搜查了他的房子并带走了一切他用来进行绘画创作的工具。直到1945年,他冒着坐牢的危险,设法秘密地创作了1,300幅小幅的水彩画,这些画后来被命名为"未着色的图画"。另一个打击来自他在柏林的工作室在轰炸中被毁,抢救出来的零星作品也被烧成了焦炭。1956年诺尔德于家中逝世,享年89岁。他的住所后来成为了诺尔德博物馆。

马克思·佩克斯坦 (Max Pechstein) 1881~1955

- 1881年12月31日生于德国茨维考附近的工业城市
- 1955年6月29日在德国柏林去世

主要作品

《马匹展览会》（1901年）

《暴风雨到来之前》（1910年）

《沙丘之夏》（1911年）　《帕劳群岛》三联画（1917年）

★佩克斯坦早期的成功是源于他对"蓝骑士"成员恩斯特·基尔希纳的嫉妒。

马克思·佩克斯坦是"桥"社第一位出名的画家。他的创作并不像其他成员那么慑人心魄。1907年，他获得了一个专门表彰绘画作品的奖项。当时，他被看作是德国表现主义的代表人物。但是，如今人们对他的评价却没有当时那么高了。与"桥"社其他表现主义画家不同的是，他是唯一一位接受过正规绘画指导的画家。他出身贫寒，贫穷也许就是促成他努力成名的动力来源。

佩克斯坦的父亲是一名纺织工人。佩克斯坦15岁起就开始上绘画课。1896年至1900年间，他师从装饰画画家茨维考学习。然后，在德累斯顿应用工艺美术学院学习了两年。就学期间，他的作品多次获奖，因此得到了留校任教的机会。但是佩克斯坦的抱负却不止于此。因为渴望成为一名画家，他来到德累斯顿美术学院学习，并在此度过了四年时光。1906年，在与恩里克·黑克尔相识后，佩克斯坦加入了"桥"社。当时，为他安装壁画的工人将他作品中的一片红色郁金香变成了灰色。佩克斯坦为此大发雷霆。黑克尔适时出现在他的身边,给与了他支持,从此他们便成为了朋友。

1907年,佩克斯坦得到德累斯顿美术协会的奖金资助,因而有机会去意大利旅行,这是他第一次来到意大利,他还前去法国参观了野兽派的作品。随后,他来到了当时作为世界艺术中心的柏林。在柏林,他过得非常忙碌。成为"柏林分离派"的成员后,他在1909年与他们一起举办了展览,赢得了一定的知名度。1910年,他与其他26位画家的作品被"柏林分离派"拒绝展出。因此,他与"桥"社和"蓝骑士"的许多成员共同组建了"新分离派"。

1911年,佩克斯坦与恩斯特·基尔希纳建立了一所名为MUIM的艺术学院。同年他结婚,并去意大利度蜜月,这时他仍然是"桥"社的成员。1912年,"桥"社中的大多数人已经搬到了柏林。

★《红房子》,马克思·佩克斯坦(1923年)
　　佩克斯坦曾经被看作表现主义的代表人物,但是他本人却从来没有这么认为过。他说,"无论是在过去还是现在,艺术一直是我生活的一部分,它给我带来了欢乐"。

当时,这些成员达成协议,要与更为传统的"柏林分离派"划清界限。所以,当佩克斯坦在没有得到其他成员同意的情况下就擅自与"柏林分离派"一起展览的时候,他就被驱逐出了"桥"社。

在德累斯顿的人种学博物馆,佩克斯坦发现了帕劳群岛岛民的雕刻品。他对此非常喜爱,决定去亲身体验一下当地的风俗。1914年,他带着妻子前去密克罗尼西亚的帕劳群岛。但是,由于一战的爆发,他的幸福时光很快就进入了尾声。在被日军逮捕后,他经由美国被送回了德国,而他的妻子却一直留在了美国。随后他被征召入伍。

与其他参战的艺术家类似,佩克斯坦也患上了精神分裂症。但是,他很快就康复了,并成为闻名遐迩的普鲁士艺术学会的成员。1933年,他与其他画家的作品被纳粹当局禁止展出,并被打上了"堕落艺术"的标签。1944年,他在柏林的公寓遭到了轰炸,大部分作品被毁。第二次世界大战后,他终于又可以自由地工作和教学了。此后他成为了教授,一直在柏林教书,直到1955年逝世。

埃贡·席勒 (Egon Schiele) 1890~1918

- 1890年6月12日生于奥地利小镇图尔恩
- 1918年10月31日在奥地利维也纳去世

主要作品

《面部扭曲的人》(自画像)(1910年)　《自画像:黑色花瓶与伸开的手指》(1911年)

《自画像:低垂的头》(1912年)

尽管一开始,席勒的作品曾因令人产生不安的感觉而遭受冷遇,但是如今,他却被世人看作是奥地利最为著名的表现主义画家。他出生于奥地利的图尔恩,父亲阿道夫是火车站的站长。他的六个兄弟姐妹只有三个活了下来。席勒总觉得自己与众不同,在学校里,无论是最初在图尔恩,还是后来在克里木斯,他都用大量的业余时间练习绘画。据他母亲所说,席勒从18个月起就开始画画了,在这个没有任何艺术渊源的家庭里,他被看作是天才。

1902年,席勒来到了克罗斯特纽堡,进入知名的教会学校,在这里,除了艺术之外他的课业是一团糟,他也觉得老师们并不了解他。在席勒14岁时,他的父亲因长年的疾病而精神错乱,最终去世。这对还在成长期的席勒影响很大,给他造成了很大的精神压力。但是,这一糟糕的局面在他遇到了路德维格·斯托奇———位新的美术老师时有了转机。在老师的鼓励下,席勒开始进行创作,并完成了一些颇有创意的作品。席勒的新监护人叔父雷奥帕德对他糟糕的课业成绩非常不满,但是斯托奇老师说服他同意让席勒进入维也纳艺术学校学习。

在当时的维也纳,画家古斯塔夫·克利姆特的创作对青年画家颇具影响力。1907年,席勒与他相识,向他请教了很多有关绘画的问题,令席勒留下了深刻的印象,从此两人成为了一生的挚友。受克利姆特影响,席勒开始模仿其风格,在作品中采用大胆的线条,使用银色或金色的颜料。1909年,席勒的作品首次在克罗斯特纽堡展出。从参展的两幅作品中可以清楚地看到克利姆特对席勒在创作上的影响。这两幅作品是他为朋友汉斯和安顿绘制的肖像,安顿后来娶了席勒的妹妹葛蒂为妻。后来,当时一同参展的很多画家共同结成了"新艺术派",而席勒是这一画派的奠基人。此后他在维也纳参加了一场较为重要的展览。也就是在那一年,席勒离开了维也纳艺术

★《自画像:黑色花瓶与伸开的手指》,埃贡·席勒(1911年)
1910年至1911年间,席勒发展出独具特色的个人风格,作品色彩明亮而强烈。

学校。

在随后的日子里，席勒或是单独或者同"新艺术派"的画家们一起，在奥地利和德国举办了多次画展。从1910年起，他开始确立起自己的绘画风格，但他的作品也开始招致不同的评价。1911年，他与"蓝骑士"的成员们一起举办画展。在认识到他的艺术才华之后，很多人都被席勒的作品所吸引。他的作品中大都有着舒展的线条，主人公则多是骨骼分明又带着些许丑相的人物。

席勒居无定所，经常处于贫困状态。他曾去母亲的出生地波希米亚游览，回到奥地利后，他继续努力创作，期望得到他应得的赞赏。1912年，他终于在维也纳建立起自己的工作室并有了固定的住所。1914年，他遇到了哈姆斯，并于1915年在参军之前与她结婚。在波希米亚受训后，他与妻子一起回到了维也纳，他承担了一些警戒和书记员的工作，同时还可以创作和展出作品。1917年至1918年间是他创作的高峰期，他也取得了巨大的成功。他售出了与"维也纳分离派"一同展出的50幅作品。席勒随后在许多城市都举办了展览，并获得评论界的一致好评。几乎他所有的作品都被收藏者们抢购一空，他的才华也最终获得了公认。

让席勒感到分外悲痛的是1918年2月传来了克利姆特的死讯——他是在一次中风后去世的。克利姆特临终前，席勒一直在他的病床前陪伴。同年10月爆发了蔓延全欧洲的传染病——流感，成百上千万饱受战争折磨的、饥饿难耐的人因此而死去。流感首先夺走了席勒妻子的生命，当时她还怀有身孕。三天后，它又夺去了席勒的生命。当时，席勒年仅28岁。

新生代

虽然很多表现主义艺术家声名远扬,但是表现主义作为一种流派却在20世纪20年代初期开始衰败。这也许恰恰是由于它本身的成功所导致的。对于年轻的艺术家们来说,它总是一成不变;而在保守派思想家和政治家看来,它又太颓废。当纳粹当局给所有的表现主义艺术家打上了"堕落分子"的标签,并从博物馆中劫掠走他们的作品的时候,许多移民至美国和法国的艺术家们在异域开始了他们的艺术创作和教学工作,从而影响了众多的年轻艺术家。

在20世纪20年代至30年代,康定斯基和克勒就已经是包豪斯学院颇具影响力的老师了。他们对于形式而非内容的重视为以后(至少一直到20世纪60年代)的艺术发展潮流指明了方

★《炼金术》,杰克逊·波洛克(1947年)
波洛克的绘画风格与其他表现主义画家的相同之处在于,他也认为艺术源自内在的情感:"如今的画家们无需通过外界的实物来寻找创作题材,而从他们的内心就可以获得。"

向。包豪斯艺术学院的毕业生们大都成为了设计师和建筑师。由于具有清晰的美学意识，他们的设计不仅仅实用，而且是极具美感的创造。

表现主义遗产

在美国

表现主义对于美国，尤其是对于纽约的艺术发展有着重大的影响。众多的欧洲艺术家都移居至此。在20世纪40年代，马克思·贝克曼、乔治·格罗茨和阿希尔·高尔基在纽约通过他们的教学而对当地艺术产生了很大的影响。但是，表现主义不仅仅是欧洲向美国的单方面输出，而是美国和其他欧洲流派的交叉互动。这就是20世纪50年代统治了西方艺术界的抽象表现主义能够囊括那么多艺术风格的原因所在。马克·罗思科（1903~1970）、巴尼特·纽曼（1905~1970）和克里福德·斯蒂尔（1904~1980）同贝克曼一样，喜欢在巨幅的画布上创作题材严肃的作品。但是，同

杰克逊·波洛克 (Jackson Pollock) 1912~1956

杰克逊·波洛克因他于20世纪40年代中期创造的"行动画派"技巧而闻名于世。他抛弃了传统的画架，把画布铺在地板上或是挂在墙上，再把颜料从桶里直接滴到或是泼到画布上作画。他抛弃了画笔，而是用木条或是水泥刀在画布上涂抹。同表现主义艺术家类似，他通过绘画时的行为来发泄自己的愤怒。波洛克的绘画生涯在他44岁时就中止了——因为酒后驾车，他在一场车祸中丧生。

康定斯基和克勒一样,他们也试图通过色彩和符号,而非人物和象征意义来传达意境。罗思科、纽曼和海伦·弗兰肯萨勒创造了使用单调的色块来进行绘画的技巧,被称为"色域画派"。这与康定斯基和克勒所探寻的颜色的内在精神是分不开的。

在英国

1935年至1955年间,新浪漫主义画家,如格兰汉姆、约翰、考林斯等分享了表现主义画家们怀旧的自然观。同美国一样,英国也诞生了一批继承了表现主义创作理念的抽象派画家,包括本·尼库尔森、彼特·兰扬和派特里克。总的来说,虽然同是表现,20世纪中叶英国艺术的创作主题是平和的——只有一个例外,那就是弗朗西斯·培根。

弗朗西斯·培根 (Francis Bacon) 1909~1992

英国画家弗朗西斯·培根的作品极具表现主义的特点,但他本人却否认曾受到表现主义的影响。他说,"我没有什么要表现的"。培根出生于爱尔兰,1925年才来到伦敦,成为室内设计师,同时自学绘画。他早期的作品因其极具震撼的表现力而使得他名声大噪。

B卷·抽象表现主义艺术家

［英］蕾切尔·巴尔内斯 著
吴静 译

什么是抽象表现主义？

抽象表现主义是20世纪50年代开始在美国兴起的，又被称为"纽约画派"。二战期间，许多富有影响力的欧洲艺术家，为了躲避连绵的战事和迫害，迁至纽约定居。这些人后来成为抽象表现主义的奠基人，而那些没有欧洲渊源的艺术家，其艺术风格和绘画技巧也受到他们的直接影响。

从表现技巧上说，抽象表现主义既是表现主义绘画元素的抽象运用，又受到超现实主义的影响。表现主义画家运用各种象征符号和特殊的绘画风格来表现画家的情感和感受；超现实主义运用扭曲的线条和富有象征意义的形象来强调潜意识；而抽象表现主义重视的是实际的绘画过程，它关注的是画作本身，而不是绘画的风格和描绘的对象。

抽象表现主义使得美国首次成为国际公认的前卫艺术中心。在艺术领域中，"前卫艺术"这一术语代表了标新立异，用它来形容抽象表现主义真是再合适不过了。抽象表现主义艺术家首次将绘画过程本身重视起来。

从严格意义上讲，"纽约画派"并不是一项艺术运动，而是一群自成风格的艺术家的总称。抽象表现主义画家们不是自发形成的固定营垒，但是由于其观念相近，对作品的表现手法也存在着极大的共同之处，所以人们逐渐将他们归为抽象表现主义艺术家。

就表现技巧而言，"行动画派"强调即兴创作，凭直觉的行动和姿态来做画。杰克逊·波洛克、威廉·德·库宁、海伦·弗兰肯萨勒、李·克拉斯和弗朗兹·克兰都属于此类。"行动画派"的称谓最早是艺术评论家哈罗德·罗森伯格在评论波洛克的作品时提出的。波洛克以其"滴画"技术而闻名。这一技法的革新性在于它抛弃了传统的作画方式，运用滴、泼或是用水枪喷洒的方式直接在画布上作画。现在,"行动画派"被赋予了更为广泛的内容,泛指所有富有生命力和即兴的创作技巧。

★《打篮球的男人》,依莲·德·库宁

尽管从题目上看,这应该是一幅描绘动态的作品,但是,画家并没有去具体描绘这些运动员的动作,而是通过笔法向观众传递了一种关于动态的感觉。

"色域画派"是抽象表现主义的另一个重要分支。其代表人物是巴尼特·纽曼、马克·罗思科和克里福德·斯蒂尔。其绘画风格是先画出鲜明清晰的线条轮廓再着色成画,作品讲究色域间强烈的色调对比,精细安排的色调差异,追求光滑完整、不显笔触痕迹的画面效果。有时甚至可以用一种颜色直接加入到另一色域之中。

"行动画派"和"色域画派"的艺术家有着类似的创作技巧和创作理念。他们尽情挥洒着大胆、粗犷的线条,运用滴、溅、喷、洒的绘画手法,用大面积的色块来营造最强烈的视觉效果。与此同时,巨幅的画面也表现了这些艺术家的艺术主张。

抽象表现主义艺术家认为绘画是为了寻求"真",或者说为了寻求不为人知的生命的意义。艺术家们竭力寻求一种独特的创作技巧,无需顺应任何固有的风格或流派。这样人们就可以不

★《积水的路》,杰克逊·波洛克(1947年)

这幅画是波洛克运用"滴画"技术创作的,那密布的画面、纵横扭曲的线条传达给观赏者一种不受拘束的活力、随心所欲的动感和无限广阔的时空。

受干扰、全神贯注地欣赏体会画作,进而形成自己对作品的理解。

第一次世界大战

就在美国出生的抽象表现主义艺术家而言,第一次世界大战(1914~1918)对他们的日常生活并没有造成太大的影响。与之相比,那些在欧洲出生的艺术家来说,情况却并非如此。他们亲眼目睹了家人、朋友、亲人应征入伍,投身战场;亲身经历了缺衣少食、物资极度匮乏的种种磨难。

经济大萧条

纽约华尔街股票市场的崩盘通常被看作是经济大萧条的导火索。作为美国的股票交易中心,华尔街于1929年10月崩盘。公司纷纷倒闭,人们持有的股票忽然间都变成了废纸。全民陷入恐慌之中,人们大量抛售手头的股票,使得情况进一步恶化。美国经济陷入了沼泽之中。20世纪20年代的经济增长泡沫彻底宣告结束。整个商业崩溃,成千上万的人一夜之间沦为了乞丐。

经济大萧条随之蔓延到世界各地,那些依赖美国贷款的国家受到的影响尤为巨大。1929年,美国停止向外发放贷款。到1930年底,由于人们蜂拥到银行取钱,导致将近2,000家银行倒闭。三年过后,美国失业人数超过1,200万。

联邦艺术保护

在经济萧条进一步恶化的时候,美国政府向生存艰难的艺术家伸出了援助之手。1934年,政府启动了公共艺术计划——招募艺术家来绘制壁画。1935年,美国工作成就管理委员会开展了联邦政府艺术计划,委托艺术家进行架上绘画、雕塑以及壁画创作。受雇的艺术家每周能得到23美元左右的报酬,能够勉强维持生计。100多所社区艺术中心在全国范围内开放,受雇的艺术家总计6,000余人,占当时生活在纽约的全部艺术家人数的四分之三。联邦政府艺术计划还促成美国第一个艺术之家的形成,这是一个以居住在纽约格林威治村的艺术家为主而形成的艺术圈子,其中的成员包括杰克逊·波洛克、威廉·德·库宁、李·克拉斯和马克·罗思科等。而其他收入高不具备入会资格的艺术家,诸如有教师工作的巴尼特·纽曼等,似乎被摒弃在圈外。纽曼说,"我因为没能和其他人一起参与这个计划而付出巨大的代价;在其他人眼中我不是画家,我和他们不同"。

第二次世界大战

二战(1939年~1945年)战场遍及欧洲和亚洲的大部分地区,确实是一场名副其实的世界大战。一战后,科学技术的进步使得战场上飞机和坦克的数量大幅增加;轰炸技术的提高也使得城市与乡镇都更容易受到攻击;人们的日常生活普遍受到战争的影响,缺衣少食的情况随处可见。

二战期间,许多艺术家为了躲避欧洲的战火都逃至纽约。超现实主义的代表人物萨尔瓦多·达利、马克斯·恩斯特以及其他著名的抽象派和立体主义的艺术家,如莱热、蒙德里安、夏加尔等,都在纽约度过了这段战争岁月。这些欧洲艺术家给抽象表现主义这一年轻的艺术领域带来了前所未有的生机和活力,促使纽约成为继巴黎之后的另一个现代艺术中心。

但是,这些欧洲艺术家不久就发现,纽约与巴黎的艺术氛围有很大的不同。在巴黎,咖啡馆通常是画家们聚集、交流的场所,可是纽约却没有这一传统。这些艺术家初到纽约时都急于找到安身之所,因此他们的住所分散在城市的各个角落,这样不利于他们之间的集会与交流。不过很快,纽约现代艺术美术馆或是诸如朱莉恩·莱维画廊之类的地方取代了咖啡馆,成为画家们聚会的场所。其中最著名的应该是佩吉·古根海姆的私人画廊。古根海姆出身于一个富商之家,其家族历来支持艺术活动,她本人也是一位著名的画商,后来与超现实主义画家马克斯·恩斯特结为连理。20世纪50年代,人们总是可以在她那间位于纽约的"世纪艺术"画廊里欣赏到抽象表现主义画家们举办的画展。

★《无题》,马克·罗思科(1953年)

　　这幅作品中相间的三种颜色通常被理解为人间、天堂和地狱的象征。这里,罗思科抽象地运用色彩本身来传达迫切地表现主义式的情感。

超现实主义

在二战爆发之前,超现实主义艺术家在巴黎的艺术圈里占据着绝对主导的地位,并且对后来的抽象表现主义画家产生了重大的影响。超现实主义艺术家强调潜意识,而且推崇心理学家弗洛伊德的作品和主张,他们运用扭曲、梦幻般的线条和形象来表现人类潜意识的活动。马克·罗思科的早期作品受到超现实主义观念的主导,特别是受琼·米罗表达人生的基本主题时所惯用的抽象符号或象征意义的因素所影响。

战后的美国

20世纪40年代末,纽约画派得到了广泛认可。这在一定程度上取决于二战过后对欧洲的影响。由于战乱的原因,许多欧洲艺术家的艺术创作都受到了影响。虽然这场战事也相应地造就了许多伟大作品,但是这一切都无法阻止世界艺术中心向一个更为安全的国家迁移的脚步。

当然,美国也是抵抗德国及其纳粹政权的中坚力量,只不过在战争中美国本土并没有成为真正的战场。因此,在欧洲经历着由二战所引起的经济衰退的同时,美国正举步迈进一个相对富裕的时代。

对世界局势的反应

抽象表现主义艺术家逐渐意识到他们的艺术作品必须是抽象的,他们拒绝在作品中涉及这个腐化的现实世界。他们的观念受到早期的艺术运动,以及美国三四十年代的政治和社会氛围等多种因素的影响。

海伦·弗兰肯萨勒（Helen Frankenthaler）1928~

- 1928年12月12日出生在纽约，并一直居住于此

主要作品

《山与海》（1952年）　《港湾》（1963年）　《月亮的另一边》（1995年）

　　海伦·弗兰肯萨勒是第一个把波洛克的实验方法与强调色彩的方法结合在一起的画家，从而创造出一种新的技巧"渍染法"。她运用这种技巧，创作了一系列紧凑的高色调的绘画作品，使其洋溢着一种轻松愉快的气氛，具有抒情诗般的效果。

　　1928年12月12日，弗兰肯萨勒生于纽约市，是马萨·路文斯坦和阿尔弗雷德·弗兰肯萨勒的第三个女儿，她上面还有两个姐姐：玛乔丽和歌莉雅。她出身于一个有文化品味的中产阶级家庭，父亲在她12岁时去世，生前曾是纽约州最高法院的法官。

　　弗兰肯萨勒最初在纽约的布莱德利女子学校就读，后来进入学风更加自由的道尔顿学院学习直到17岁。在这里，她成为颇负盛名的墨西哥壁画家鲁菲诺·塔马约最为得意的学生。她创作出许多极具塔马约风格的作品，在她看来，这也正是塔马约欣赏她的原因。她后来回忆到："当时我完全采用他的技法，甚至是颜料的配置，都跟他一样用三分之一的松脂，三分之一的亚麻油和三分之一的清漆。"塔马约是弗兰肯萨勒接触到的第一位职业艺术家，他那独立不羁的风格深深地吸引了她。正是在塔马约的帮助下，她才意识到：成为一名严肃艺术家需要极大的投入，意味着艰辛和汗水。塔马约也教会她"实用的技巧和创作元素，以及如何用笔，如何干净利落，毫不拖

泥带水地作画。"

在师从塔马约期间,弗兰肯萨勒还经常去位于第72街的老古根海姆博物馆参观,这儿不论离她家还是离塔马约的"情人"画廊都很近。正是在这里,她首次接触到了西方现代艺术。在少年时代,她也经常跟姐姐玛乔丽到纽约现代艺术美术馆去参观,这令她打开了艺术之门,了解到应该如何欣赏艺术作品,如何分析、理解作品中的细节。其中,达利那幅著名的超现实主义作品

★弗兰肯萨勒的创作在很大程度上受到波洛克的影响,尤其是他的"滴画"技术对海伦影响极深。据这张照片所示,她本人也使用了类似的创作技法。

《记忆的永恒》给她留下了深刻的印象。在谈及那次参观的感受时,她写道,"这是我第一次从真正意义上去欣赏一幅作品,同时我也被它惊呆了"。

高中毕业之后,因为只有16岁,弗兰肯萨勒得以在纽约多呆了一个学期,继续跟塔马约学习。1946年春,她进入了本宁顿学院学习了三年,保罗·费利时任该校艺术学院院长。费利对她作品的影响也很大。在结束了在这里的学习之后,她动身前往欧洲,先后游历了阿姆斯特丹、伦敦、苏黎世和巴黎。

回到纽约之后,弗兰肯萨勒结识了李·克拉斯、杰克逊·波洛克、依莲·德·库宁和威廉·德·库宁等抽象表现主义画家。她还认识了极富影响力的艺术评论家克莱门特·格林伯格。几年后,在犹太博物馆、惠特尼美国艺术博物馆以及很多艺术集会场所都可以看见她的作品。与此同时,她还承担了面向成年人的教学项目,向他们教授艺术课程。

★《港湾》,海伦·弗兰肯萨勒(1963年)

受"色域画派"中马克·罗思科的影响,海伦·弗兰肯萨勒喜欢用明亮的色彩来表现自然界的美丽与神奇。

在随后的五年中，弗兰肯萨勒经常和格林伯格在一起。格林伯格作为知名的艺术评论家，对抽象表现主义的发展起到了重要的导向作用。弗兰肯萨勒和格林伯格一起参观画展，一起评析画作，一起去画廊、博物馆，每周五晚参加在艺术家俱乐部举办的集会。他们还经常去乡间写生。弗兰肯萨勒在此期间探索了形体艺术的风格和绘画技法。但是令人遗憾的是，这期间创作的大部分作品都没有保留下来，除了一幅她为格林伯格所作的画像。这是一件极具表现主义风格的作品，画中的格林伯格正端坐在画架前，聚精会神地进行风景画创作。

1951年，波洛克在贝蒂·帕森画廊举办了个人画展，这次展览对弗兰肯萨勒后来的艺术发展产生了极大的影响。她的艺术之路由于"滴画"技巧而发生了巨大的改变。从此，波洛克就成为她的导师。

1952年的春天，在格林伯格的陪同下，弗兰肯萨勒拜访了波洛克夫妇位于东汉普顿的家。在

莫里斯·路易斯（Morris Louis）1912~1962

1912年，莫里斯·路易斯（原名莫里斯·伯恩斯坦）出生于巴尔的摩。1929年至1933年期间他在马里兰艺术学院学习。1937年至1940年间，他为美国工作成就管理委员会进行架上绘画创作。路易斯早期的作品充满了立体主义的强烈线条和几何图形。后来，尤其是1952年之后，他的风格开始倾向于抽象表现主义，这主要是受到波洛克"滴画"技巧的影响。在与海伦·弗兰肯萨勒的一次会面之后，他进一步受到抽象表现主义的影响。从弗兰肯萨勒那里，他学会不用画笔，直接将丙烯酸颜料倒在画布上进行作画的技巧，同时将莫奈和印象派的绘画特点融入到作品当中。但是，同莫奈一样，路易斯也经常对自己的作品感到不满意，曾有一段时期他大量撕毁自己的作品。莫里斯·路易斯于1962年在华盛顿去世。

这里,她亲眼目睹了波洛克的实际创作过程。

从波洛克那富有革新性的绘画技巧中,弗兰肯萨勒感受到一种与众不同的绘画方式:波洛克把画布平辅在地上,作画时先从四边入手,然后才真正地到画中间去画;他还抛弃了画家们常用的工具,像画架、画笔、油彩等等,采用珐琅彩作为原料,利用各种工具来进行"滴画"创作。受到波洛克的启发,弗兰肯萨勒开始探寻自己的创作理念并设法将它们融入到绘画实践中去。通过种种尝试,她终于形成了独具风格的、完全不同于传统绘画和形体艺术风格的"行动绘画"。

几年后,弗兰肯萨勒遇到了另一位对她的艺术创作产生巨大影响的画家。此人不论是在情感还是在工作方面,都给她的生活带来了极大的影响,他就是罗伯特·马瑟韦尔。1958年他们结婚后,在法国和西班牙游历了数月,渡过了漫长的蜜月期,直到到达法国的郊区才停下了脚步,在一间租赁的小屋里开始了创作。

但是这场婚姻并没有持续很长时间,12年后就宣告了终结。(马瑟韦尔在此之前曾经结过两次婚,并且这次离婚后又再婚了。)不过,至少婚后最初几年他们过得很幸福,互相鼓励,相互支持,双方在艺术创作方面都获益匪浅。

作为抽象表现主义的代表人物之一,马瑟韦尔比弗兰肯萨勒大了将近15岁,他成名的时间也比弗兰肯萨勒要早,因此从一开始,这次婚姻对于弗兰肯萨勒艺术声望的扩大有着一定的负面影响。离婚之后,在40岁之际,弗兰肯萨勒以她独有的、富有诗意的风格成功地奠定了自己在抽象表现主义中的地位。1969年在惠特尼美国艺术博物馆举办的一场盛大的个人作品回顾展也进一步证明了这一点。这次展览非常成功,获得了公众和评论家的一致称赞。此后,弗兰肯萨勒在欧洲还有美国举办了多次画展。

阿希尔·高尔基 (Arshile Gorky)·1905~1948

- 1905年4月15日生于亚美尼亚
- 1948年7月21日卒于美国康涅狄格州的谢尔曼

主要作品

《瀑布》（1943年）

《一年生的马利筋》（1944年）

★高尔基长相英俊，喜欢穿着华丽的衣服，但是遗憾的是他外向的性情却随着年龄的增长而变得越来越压抑脆弱。

阿希尔·高尔基于1905年4月15日出生于亚美尼亚的土耳其语区。1908年，为了躲避服兵役，他的父亲抛弃了家庭，逃往美国。一战期间，亚美尼亚爆发了惨绝人寰的大屠杀，因此高尔基一家也于1915年被迫逃离，以躲避战事。此后，他们生活得异常贫困，甚至到了食不果腹的程度。母亲在1919年3月死于饥饿。她死后，为寻求父亲的庇护，高尔基跟着姐姐们登上了难民船，逃往美国。

在美国，高尔基一边四处打工，一边在普罗维登斯高等技术学校罗得岛设计学院学习。21岁时他前往纽约发展，先后在中央艺术学校求学和任教。在这里他隐藏了自己的出身，假装自己是苏联作家马克西姆·高尔基的侄子，并据此改名为阿希尔·高尔基。不过，他似乎忽略了"马克西姆·高尔基"事实上只是个笔名。

高尔基相貌堂堂，面带浪漫的神情。他喜欢穿着极富装饰性的服装，举手投足间都具有艺术家的风范。他早期的创作受到了不同艺术风格的影响。他先是热衷于模仿后印象派大师塞尚，而后,同抽象表现主义画家波洛克以及其他同时期的艺术家一样,他被立体主义画家毕加索的作品深深吸引,开始用清楚的轮廓和明亮的色彩去画立体派风格的静物画。不过,高尔基的艺术家身份在相当长的一段时期内并没有得到世人的认可。人们批评他的作品只是模仿而已,缺乏鲜明的个性。

在经济大萧条期间,虽然高尔基穷到连画布和颜料都买不起的地步,但是他并没有放弃自己的艺术追求。1930年,他的作品参加了在纽约现代艺术美术馆举办的"美国抽象绘画和雕塑作

★《瀑布》,阿希尔·高尔基(1943年)

高尔基在艺术上偏爱优雅的情调和忧郁的诗意,其作品如同他本人一样,都极富感染力。这幅作品唤起了人们的感官意识,湍急的瀑布仿若近在眼前。

品展览"。1934年他在费城的梅隆画廊举办了首次个人作品展览。1935年,他与玛妮·乔治结婚,但不久之后他们就离异了。

到了20世纪30年代中期,高尔基形成了自己的艺术风格。其绘画风格从早先刻意追求几何对称转变为直抒胸臆的自由挥洒,画面显得轻松而流畅。不久之后,他结识了超现实主义创始人安德烈·布勒东,后者对他非常赏识,甚至同意为高尔基在纽约朱莉恩·莱维画廊举办的个人作品展览作序。20世纪40年代初期,高尔基再婚,娶了阿格尼丝·玛格丽德。

高尔基终于成为艺术界中响当当的人物,但是他一生命运坎坷。1946年1月26日,一场意外的火灾将他在康涅狄格州谢尔曼市的画室毁于一旦,将近30幅心血之作顷刻间化为灰烬。同年2月底,癌症病魔又向他袭来。虽然手术后他得以保住生命,但元气大伤。更沉重的打击是1947年底传来了他父亲去世的噩耗。本来就内心脆弱的高尔基开始变得情绪不稳,他甚至指责自己的妻子和他的朋友玛塔有不正当关系。因为无法忍受高尔基的嫉妒和多疑,妻子最终离开了他。1948年6月26日,一场意外的车祸又使他颈部骨折,导致双臂残疾,从此不能作画。

一连串的打击令他心灰意冷,在无以排遣的悲愁中,生性敏感、内心脆弱的高尔基于1948年7月21日结束了自己的生命。他在有生之年未能见到抽象表现主义的辉煌,作品也未能打入市场。在他死后,他的作品才开始获得普遍的认可,可是画家本人却无缘看到了。

弗朗兹·克兰 (Franz Kline) 1910~1962

- 1910年5月23日生于美国宾夕法尼亚州威尔克斯·巴里
- 1962年5月13日卒于美国纽约

主要作品

《西斯坎德》（1958年）　《黑色艾里斯》（1961年）

★这张照片摄于克兰晚年，他的作品终于得到了公众的认可。当时他坐在工作室里，周围是他那极富生命力的黑白画作。

1910年5月23日，克兰出生于美国宾夕法尼亚州的威尔克斯·巴里，在家排行老二。他的父母都是移民来到美国的。父亲来自德国汉堡，母亲是英国人。克兰7岁时父亲自杀，这一事件对克兰的感情世界造成了极大的伤害，影响了他的一生。宾夕法尼亚州的基尔德学院是一所专门录取问题孩子的学院，这里的许多学生都失去了父亲。1919年，在他父亲自杀两年之后，9岁的克兰被送到这里。他在这一呆就是六年。虽然和有着类似经历的孩子们一起生活，但克兰却过得并不开心。于是1925年，母亲又把他接回了家。

上中学时，克兰在一次橄榄球练习中受了伤。正是在此次伤病休养期间，他开始积极地尝试绘画。当时的他梦想着将来能够成为一名插图画家。

1931年，克兰考取了波士顿大学，后来还加入了波士顿艺术学生社团。因为母亲是英国人的缘故，克兰对与英国有关的事物一直很感兴趣。1935年他来到了英国，在位于伦敦因保守而闻名的西斯利美术学校学习。

在那里，他遇到了一位年轻的舞者伊丽莎白·文森特·帕森。她是莎德勒威尔斯剧场的芭蕾舞演员，当时在学校里做兼职模特。1938年，帕森与克兰一起回到纽约，随后结婚，婚后初期他们生活得很幸福。

帕森患有精神方面的疾病，但却因为贫困而无力治疗。有时他们连房租都付不起，生活极为拮据。他们没有稳定的家庭生活，甚至曾三次被赶出租赁来的房子。1948年，帕森的病情恶化，她不得不被送进医院就医，并在医院呆了12年。

克兰早期的作品体现了表现主义的风格，作品以写实为主，还画了很多插图。可是，到了20

★《马荷宁》，弗朗兹·克兰（1960~1961年）
这幅作品绝佳地体现了克兰的绘画风格。——用涂了黑色颜料的巨型刷子在白色画布上猛刷。

世纪50年代,他的绘画风格产生了巨大的变化。1950年,他举办了首次个人作品展览,展出的作品集中体现了抽象主义的风格。他用粗壮有力的黑色线条,充满力度的笔触描绘出一幅幅充满激情的作品,令人赞叹不已。克兰的绘画风格深受东方书法的影响。有一天,他用幻灯机放大一些速写,所看见的是大尺度的、自由自在的抽象线条。他由此受到启发,用价格低廉、质量低劣的颜料和油漆工的刷子,开始在画室墙上的大幅帆布上涂抹。在克兰此后的作品中一直延续着这种风格。

1962年5月13日,克兰死于心脏病,享年51岁。当时他已在画坛享有盛誉。

依莲·德·库宁 (Elaine de Kooning) 1918~1989

- 1918年3月12日生于美国纽约布鲁克林区
- 1989年2月1日卒于美国纽约长岛

主要作品

《自画像》（1946年）　《棒球选手》（1953年）　《星期天的下午》（1957年）

依莲·德·库宁于1918年3月12日出生在纽约。她的母亲玛丽·凯瑟琳是一位爱尔兰天主教徒，父亲查尔斯·弗兰克是德国新教徒。她的母亲头脑聪颖、个性独立，但性格古怪，对她的成长影响很大，可以说母亲就是她的榜样。依莲比较早熟，她对生活充满了激情和斗志，而且擅长交际。当谈及她的艺术天分时，依莲说，"我从没想过要当一名画家，我也不是个有绘画天分的孩子。我5岁时的涂鸦跟其他孩子的没有什么不同。"

依莲经常定期地去纽约市艺术博物馆参观，欣赏欧洲大师的作品，这也促使她后来萌发了当画家的愿望。虽然高中毕业后她考取了亨特学院，但不到一年的时间她就中途退学了。"我不能忍受手中没有画笔的生活。我知道自己想做什么，我没有时间上大学。"依莲说到，"大学生活尽管很有趣，但对我来说，绘画更重要"。

随后，依莲进入纽约的利奥纳多·达芬奇学院学习。据她后来回忆，"当时我整天都在埋头画画"。依莲长得很美，她自己也很清楚这一点，所以在学画期间，她还兼职为其他画家当模特，以凑足学画所需的费用。

1936年,第一次遇见画家威廉·德·库宁时,依莲还是个学生,当时威廉已经颇有名气了。他们俩几乎是一见钟情,据他们的朋友回忆道,"威廉对依莲产生了前所未有的炽热情感,一心想让她成为自己的妻子,别无他选"。

他们于1943年结为连理。尽管聚少离多,但这场婚姻却断断续续地持续了将近56年。颇具讽刺意味的是,这对热恋的夫妇从结婚一开始就分别有各自的情人。直到1954年,威廉的情人为他生下了女儿丽萨时,他们才分开。在离开威廉之前,依莲放弃了自己蒸蒸日上的事业,一门心思

★ 《自画像》,依莲·德·库宁(1946年)

依莲很清楚自己的美丽之处。在这幅作品中,她将其淋漓尽致地表现了出来。

地帮助丈夫成就他的艺术。这次婚姻给他们彼此都造成了很大的伤害,分手前两人都酗酒成性。

依莲在与威廉分手后开始着手施展自己的艺术才华。她创作了许多以男性为主题的作品。20世纪50年代,她画了许多运动明星,比如篮球运动员和斗牛士的形象,用以表现她对运动的兴趣。

依莲后来成功地戒了酒,成为一名访问学者,并靠这一收入来维持生计;她同时也成为了一名出色的艺术评论家。1976年,当听说威廉生病时,依莲义无反顾地回到他的身边陪伴他。在她的帮助下,威廉的事业重新有了起色。可是,人们普遍认为依莲参与了威廉在这段时期的作品的创作。

虽然依莲一直照顾生病的威廉,但是令人意想不到的是她自己却先行一步离开了人世。由于长年抽烟的缘故,依莲于1989年死于肺癌。

威廉·德·库宁（Willem de Kooning）1904~1997

- 1904年4月24日出生于荷兰的鹿特丹
- 1997年3月19日因阿尔茨海默病（即老年痴呆症）于美国纽约长岛逝世

主要作品

《撤离》（1910年）　《访问》（1966年）　《水中的女人》（1967年）

与马克·罗思科和杰克逊·波洛克一样，威廉·德·库宁也是抽象表现主义的代表人物。他的作品充满了想像力和创造力，他运用粗犷的笔触和狂放、富有激情的色块组合成抽象画面。那狂放而又奇妙的绘画方式，至今令人印象深刻。与其他抽象表现主义代表人物一样，他在生活中也有许多不愉快的经历，也曾有自我毁灭的倾向。

威廉于1904年4月24日出生于荷兰的鹿特丹市。父亲名叫林德尔特·德·库宁，母亲是柯妮莉娅·诺贝尔。威廉3岁时，父母离异，他就跟随着母亲一起生活。然而幼时的威廉却受到母亲在精神上甚至可能是肉体上的虐待。

威廉12岁时起就开始在当地一家商业美术装饰公司打工。他每天白天上班，晚上到鹿特丹的艺术和技术专科学校上夜校，他一直在那里学习到20岁。当时与他一起学习艺术的很多同学都是荷兰画家蒙特里安的追随者。蒙特里安的绘画风格是以抽象的几何图案为特点，他善于运用对比强烈的黑色线条与明亮色块交织的手法来做画。受其影响，威廉摒弃了传统的绘画方式，认为"那是上岁数的人才会做的事"，他甚至认为绘画时无需使用调色板，于是他和同学们一起,更加积极地探索着新的绘画技巧。

但是随着年岁的增长,威廉对鹿特丹的生活越来越感到不满,他极度渴望去冒险。于是在1926年他22岁时,威廉做出一生中最为重大的一个决定。他坐上一艘轮船,偷渡来到了美国。据他自己说,当时去美国并不是因为艺术方面的追求,"我以为美国没有艺术家,我们在荷兰时也没听说过那里有。当时我觉得美国是一个充满了机遇的地方,你只要努力就可以在某个领域拥有自己的一席之地,然后就能变成有钱人了。你知道,对一个19、20岁的年轻人来说,有机会大展

★威廉的荷兰口音一直都没变,所以在他初到纽约之时,人们都称呼他为"英俊的荷兰小伙儿"。

★《女人，第六号》，威廉·德·库宁（1953年）

这幅作品充满了张力和蓬勃的生命力。画中所描绘的女性形象是系列作品中的一件。创作者在这里尝试用新的技法来表现女性的动感和性感。

拳脚是多么有吸引力啊。至于艺术,我觉得即使放弃也没什么可惜的"。

威廉初到美国时,在新泽西州做油漆工,每天能赚到9美元,这在当时可以算是相当不错的收入了,他对此感到非常满意。在做了五个月的油漆工之后,他决定画插图,或是做与艺术相关的工作。他当时参加了艺术家代表作选集的作品展演筹备,被录用后,威廉满怀期望,以为能从中挣到一大笔钱,至少要比当油漆工挣得多。可是,当两周后拿到薪水时,他着实吃了一惊,"他们只给了我25美元。我感到很不可思议,就问这是不是一天的报酬。他们说这是一周的报酬。我听后立即就辞职不干了,继续回去当我的油漆工"。

他的第一次艺术尝试就这样结束了。1927年,威廉收拾起行囊,离开新泽西,来到他度过了自己后半生的城市——纽约。他又一次在一家商业艺术公司找到了工作,每天绘制广告牌,制作商品展示台,或是做些其他的绘画或装饰工作。

尽管如此,威廉并未完全放弃自己的艺术追求。在纽约,他结识了终生的挚友高尔基,他俩在一间画室里作画,互相观摩学习,彼此影响。此时威廉依然靠当油漆工、绘制广告牌生活,他的绘画技巧也在这些工作中得到了进一步发展。他还教给高尔基一些绘画技巧。但是威廉认为,他从高尔基那里也学到了很多,尤其是对艺术创作的直觉。"高尔基没有受过多少绘画训练,但是奇妙的是,他很了解艺术,知道如何去画,好像他生来就懂得艺术创作。我虽然经过严格的训练,但在这一点上却比不上他。"

在经济大萧条期间,同其他的艺术家一样,为了得到稳定的收入,威廉承担了联邦艺术计划中的壁画制作工作。但不幸的是,政府在1936年颁布了禁止移民参与此项目的法令,特别是像威廉这样通过非法途径进入美国的移民,就更不可能参加了。

尽管生活得极为艰难,威廉还是一步一步地树立起自己的名望。1940年,蒙地卡罗俄罗斯芭蕾舞团推出新的芭蕾舞剧,他受邀为该剧设计全部演出服装和布景。

1936年,威廉认识了依莲——他后来的妻子。他们在1943年结婚。依莲是一个美丽的女子,她精力旺盛,非常支持丈夫的事业。在她的努力下,威廉的艺术声望急速提升。威廉之所以能够成为抽象表现主义最伟大的画家之一,依莲功不可没。但是,夫妻二人在婚姻期间一直都有外遇,他们对此习以为常,使这桩婚姻最终走向了毁灭。1954年,在威廉的情人为他生下女儿丽萨之后,他们离婚了。这场婚姻还毁了他们的健康,两人当时都酗酒成性。尽管后来依莲成功地戒了酒,但她也无力帮助威廉戒酒了。

1950年,威廉彻底地改变了他的艺术风格。他开始了他最为著名的作品——"女性"系列的创作。威廉抛弃了自己原先的黑白风格,运用狂暴的笔触和明亮的色彩,创作出抽象表现主义的作品。1951年,威廉的作品《撤离》为他赢得了洛根奖,这一作品也成为抽象表现主义的一幅代表作品。几年后,他的六幅"女性"系列作品在纽约展出,产生极大的反响。

尽管饮酒过度,生活极为颓废,但威廉在60年代却颇有名气。1968年,他在阿姆斯特丹的市立现代美术馆举行了大型的作品回顾展。这也是威廉从22岁离家后,第一次回到故乡。当时他身无分文,如今却已是荣归故里。

威廉的晚年主要在长岛度过。因为对酒精的依赖越来越严重,他的身体和精神状态都每况愈下。老年痴呆症的早期症状折磨得他痛苦不堪。1976年,依莲在得知他的病情后回到了他的身边。在她的照料下,威廉得以继续作画。可是在当时,威廉的作品存在着相当多的争议。很多人认为,依莲、还有一位他画室的工作人员参与了大部分作品的创作,而这些作品上却只有威廉的名字。1989年,依莲因为肺癌去世了。在她死后的近十年中,威廉一直被病痛折磨。1997年3月19日他于长岛去世。

李·克拉斯 (Lee Krasner) 1908~1984

- 1908年10月28日生于美国纽约
- 1984年6月19日卒于纽约

主要作品

《小肖像》（1943年）

《连续》（1949年）

《至日》（1949年）

★《自画像》，李·克拉斯（1913年~1933年）

克拉斯本身就是一位风格独特的画家，可是在波洛克的光环笼罩之下，她的才华在很久之后才得到了世人的承认。

李·克拉斯，原名莉娜·克拉斯，于1908年10月28日出生于纽约的布鲁克林。她的父母是犹太人，从俄罗斯移民至美国。克拉斯在布鲁克林上的小学，高中时转学到位于曼哈顿的华盛顿·欧文中学，这是纽约唯一一所只招收女性艺术类学生的高中。1926年至1928年期间，她在库博联合女子艺术学校学习。为了挣钱，她还兼职做过模特和女侍应生。因为非常想成为一名艺术家，她开始为联邦政府艺术计划工作。

在克拉斯20多岁时，就充分展示了自己在政治活动方面的才能。她多次代表艺术家联盟参加游行示威活动，并为此遭受了好几次牢狱之灾。作为联邦政府艺术计划的一员，意味着她被看作是一名艺术家，但是克拉斯对此并不满意。她于1937年回到了学校，拜汉斯·霍夫曼为师，继续学习艺术。

四年后,克拉斯已经崭露头脚,成为颇被看好的艺术新星,此时的她仍然渴望能有一个事业的突破口。这个机会很快就出现了。1941年,她受邀参加了一场为一家设计公司举办的艺术展览。杰克逊·波洛克的作品也参与了此次展出。因为他们的住所离得很近,克拉斯决定上前跟波洛克打声招呼。爱的火花在瞬间被点燃,两人陷入了热恋当中,他们在当年秋天开始同居。

克拉斯深知波洛克的艺术才华,所以她一直全身心地帮助他进行艺术创作。在这段时间里,虽然她没有放弃自己的艺术之路,但也只是局限于修改自己的成名作而已,如《马利筋》等。

终于,在克拉斯的帮助下,波洛克首次成功地在佩吉·古根海姆的"世纪艺术"画廊举办了个人作品展览。1945年,为了帮助波洛克戒酒,他们搬到纽约附近环境较为安静的长岛居住,并

★《无题》,李·克拉斯(1949年)
克拉斯的创作始终贯彻了抽象主义的风格,她喜欢并善于运用一定的模式。

于随后结婚。这种乡村生活确实对波洛克帮助很大,从1948年开始在将近两年的时间里,他滴酒未沾。

在波洛克的创作灵感逐渐消失之际,克拉斯的艺术才华却逐渐显露出来。不过他们的关系也在此时出现了危机。1956年,波洛克死于一场车祸,这几乎毁了克拉斯的生活和事业。波洛克死后,克拉斯继续不遗余力地推广他的艺术创作。但是,当长期笼罩在她身上的名叫"波洛克"的光环消失之后,她自己的作品反而逐渐得到了认可。20世纪70年代初,她终于开始专注于自己的艺术创作了。受到当时盛行的女性主义运动的影响,她还参与了抗议纽约现代艺术美术馆忽视女性艺术家的示威游行。

1969年,克拉斯的作品入选了在纽约现代艺术美术馆举办的一场规模很大并极具探索性质的展览——"美国抽象绘画和雕塑展览:第一代",这进一步奠定了克拉斯在抽象表现艺术领域中的地位。1983年,休斯顿美术馆举办了克拉斯的作品回顾展,并开始在全美国巡回展出,这场巡展引起了极大的轰动。但是,令人遗憾的是,1984年6月19日,在巡回展开到纽约之前,克拉斯于家中去世,没能亲眼目睹该展览的盛况。

罗伯特·马瑟韦尔（Robert Motherwell）1915~1991

- 1915年1月4日生于美国纽约的阿伯丁
- 1991年7月16日卒于美国马萨诸塞州的科德角

主要作品

《西班牙共和国的挽歌》（系列作品）（1948~1990）　《下午五点》（1949年）

罗伯特·马瑟韦尔是抽象表现主义的代表人物之一。他出身豪门，家境富裕。经济大萧条期间，在其他抽象表现主义艺术家为了生计而苦苦挣扎的时候，马瑟韦尔却正在欧洲游历。他学识渊博，既是画家，也是作家，他研究艺术理论思想，同时还为报社写稿，起草文书。

1915年1月4日，罗伯特·马瑟韦尔出生在华盛顿的阿伯丁，父母分别是苏格兰和爱尔兰人。作为银行主席的父亲对儿子期望很高，希望他将来能进入法律界或是商界发展。马瑟韦尔十几岁时跟随家人搬到了旧金山生活。他先后在洛杉矶的奥蒂斯艺术学院，旧金山的一所高中，还有一所预备学校就学，而他对现代艺术的了解，最早是从在这所预备学校看到的大不列颠百科全书中开始的。

马瑟韦尔后来考取了斯坦福大学。当时的加利福尼亚很少举办艺术展览，但是他非常渴望能有机会亲眼见到书中提到的那些艺术作品。他时常回味起早期的一次艺术体味:"一天，一位朋友要去参加一个鸡尾酒会，问我想不想去。记得当时他说：'早就听说你对绘画很感兴趣，何不跟我一起去看看呢？见识一下真正的艺术作品。'我就跟他去了。当时参加的是迈克尔·斯坦因

★这张照片是他在晚年拍摄的。当时马瑟韦尔赫赫有名、生活富足,是公认的抽象表现主义大师。

举办的酒会。在那儿,我第一次见到了马蒂斯的作品。当时的感觉好像是被利箭射中一般。不可否认,塞尚和马蒂斯是当代最伟大的艺术家。当时的我非常无知,竟然错误地认为法国艺术就是现代艺术。"

1937年,马瑟韦尔从斯坦福大学毕业。1937年至1938年间,他在哈佛大学攻读哲学博士学位。随后,便与父亲和姐姐一起游历欧洲。

这次经历对马瑟韦尔来说可谓意义非凡。他第一次接触到欧洲的文学、音乐和艺术,对他日后的艺术发展影响很大。同时,这次经历也培养了他对欧洲的喜爱之情。此后,一有机会,马瑟韦尔就会去欧洲旅行。

★《西班牙共和国的挽歌》,罗伯特·马瑟韦尔(1967年)
　罗伯特·马瑟韦尔的作品经常涉及政治题材,这幅作品中想象大胆、坚实有力的图案象征着西班牙的历史已经发展到了新的阶段。

也正是在这次旅行中,他接触到了爱尔兰小说家詹姆斯·乔伊斯的作品,并深受其影响。乔伊斯是一位现代作家,其写作风格通常被称为"意识流"。也就是作家想到什么就写什么,不去遵循语法或是标点符号的使用规则,作家的想法通过词语跃然纸上,不受任何写作原则、标点、写作风格的阻挡,读者可以直接体会其中的含义。这种写作技法与抽象表现主义画家试图采用的绘画技巧有着异曲同工之妙。画家"潜意识"地以游动的笔触来表达思想,无须借助描画形象来传达情绪,笔触中已包含了一切的表达。这样的创作更为直接,直通人的心灵。马瑟韦尔与乔伊斯作品的首次接触,是从他买的那本《尤利西斯》开始的。他回忆说,"父亲带我去了欧洲,第一站就到了巴黎。当时书店还开着门,我随手就买了一本简装本的《尤利西斯》。但是没想到的是,从这本书里我开始了解什么是现代主义"。马瑟韦尔后来还专门为此画了一幅作品,命名为《送给詹姆斯·乔伊斯的一朵玫瑰》,后来成为传世佳作。

1939年,在那次旅行之后,马瑟韦尔决定放弃在哈佛的学业,成为一名专职画家,这使得他父亲的期望完全落空。马瑟韦尔搬到了纽约,师从著名的艺术家、作家梅耶·夏皮罗,并通过他结识了很多纽约的超现实主义艺术家,如著名的罗伯特·埃乔伦,后来成为他可以信赖的朋友。他们一起去墨西哥旅游,在那里呆了四个月进行绘画创作,作品中吸取了许多墨西哥民间艺术中的色彩。马瑟韦尔一生总共结了四次婚。正是在去墨西哥的途中,他遇见了他的第一任妻子,年轻的墨西哥演员马利亚。

在超现实主义画家的影响下,马瑟韦尔推崇"自动"写作或是"自动"绘画的创作方式。这种方式也就是每位艺术家都会写出一个词或是画出一些线条,虽然这些词语和线条之间并无任何关联,但是最终却可以"巧合"地形成一首诗,或是诞生出一件艺术作品。因为颇具新意,很多抽象表现主义艺术家对此法都很感兴趣,并积极参与。1942年,马瑟韦尔参加了一场在纽约举办的名为"前卫超现实主义"的展览。

★《无题D》，罗伯特·马瑟韦尔（1970年）

马瑟韦尔在1970年宣称："大多数人都肤浅地认为，艺术家的存在只是我们人类生活中的装饰品，事实却并非如此。一位真正的艺术家擅长通过他的作品来表达、传递人们的思想感情。"抽象表现主义的画家们正努力从长期统治美国艺术界的现实主义传统中挣脱出来。

回到纽约后,马瑟韦尔的艺术事业蒸蒸日上。在摆脱形体艺术之后,他开始以抽象的方式作画。他的作品有时只是拼凑在一起的靓丽色彩和线条。他的绘画毫无章法,事先总是不作任何地思考,想到什么就画什么,而最后产生的作品往往出人意料。1944年,在佩吉·古根海姆的帮助下,马瑟韦尔在"世纪画廊"首次举办了个人作品展览。1945年,他又与画商塞缪尔·库茨签了一份长达10年的合同。

这段时期,马瑟韦尔也遇到了其他的抽象表现主义画家,有巴尼特·纽曼、马克·罗思科等,后者后来成为他一生的挚友。夏天,马瑟韦尔总在颇具影响力的黑山大学艺术学院讲课,然后回到长岛度过漫长的寒冬。

1948年,马瑟韦尔和包括罗思科在内的许多艺术家一起,在纽约的格林威治村创办了一所艺术学校,此间他还进行了一些写作和编辑的工作。他后来成为《现代艺术纪实》的编辑,该书旨在向美国民众介绍欧洲艺术家的艺术理论。

妻子马利亚经常抱怨长岛的生活太过封闭、与世隔绝,因此他们于1948年搬回了纽约。但是这场婚姻已经无力维持下去了,他们隔年就离了婚。同年,马瑟韦尔在雷诺遇上了他的第二任妻子贝蒂·利特尔,他们育有两女詹妮和莉萨。马瑟韦尔在这一时期还结识了20世纪美国知名的雕塑家大卫·史密斯,但是史密斯却在1965年的一场摩托车车祸中丧生,马瑟韦尔为此痛苦了很长一段时间。

马瑟韦尔的作品可以分成不同的系列。其中最为著名的是《西班牙共和国的挽歌》系列作品,这一系列作品的题材来源于西班牙内战。这场内战对马瑟韦尔影响很大,他认为战争令很多人丧生,我们不能忘记。所以在将近40年的时间里(1948年~1990年),马瑟韦尔为这一系列绘制了150多幅作品。

20世纪50年代末,马瑟韦尔与画商西德尼·詹尼斯签约,从此在纽约画坛站稳了脚跟。同年,他遇到了他的第三任妻子海伦·弗兰肯萨勒,并于1958年结婚。比起前两次婚姻,这次婚姻持续得时间最长,对于他的影响也最大。因为同为抽象主义画家,他和弗兰肯萨勒之间有很多的共同点,因此迸发了极大的创作激情。婚后他们立即动身前往欧洲度蜜月,在法国南部停留了数月,在此期间创作了大量的艺术作品。

蜜月后,马瑟韦尔在本宁顿大学首次举办了主要作品回顾展。他当时已经成为国际公认的"纽约画派"的代表人物之一。在此后的20年中,种种荣誉接踵而至。他分别于1961年在巴西的圣保罗,1962年在美国帕萨迪纳,1965年在纽约现代艺术美术馆,1968年在墨西哥城,1980年在西班牙的巴塞罗那和马德里举办了作品回顾展。1982年,巴伐利亚现代艺术美术馆为他专门设立展室,展出他的作品。

1971年,与弗兰肯萨勒离婚后,马瑟韦尔遇到了摄影师雷内德·庞瑟尔德,他们于次年结婚,婚后生活幸福。1991年7月16日,马瑟韦尔因心脏病在马萨诸塞州的科德角去世。

巴尼特·纽曼（Barnett Newman）1905~1970

- 1905年1月29日生于美国纽约
- 1970年7月4日卒于美国纽约

主要作品

《单一》（Ⅰ）（1948年）　《十字路的站》（系列作品）（1958年~1966年）

《谁害怕红黄蓝？》（1967年）

　　尽管同属于一个派系，但乍一看来，巴尼特·纽曼的作品不同于其他抽象表现主义画家的作品。纽曼采用了不同于"行动绘画"的"色域绘画"技巧。杰克逊·波洛克或弗朗兹·克兰等抽象表现主义画家是边作画边构思，而纽曼在动笔之前就已经考虑好要如何作画了。他作品的画面异常简单，与马克·罗思科的作品颇有几分相似之处——他们都使用了色带，并将其处于柔和的背景之下。纽曼的创作技巧也为下一个重要画派——极简主义的诞生奠定了坚实的基础。

　　纽曼于1905年1月29日出生在曼哈顿的一个波兰裔犹太家庭，家中共有四个兄弟姐妹，他是家里的长子。父亲亚布拉罕当初身无分文地来到美国，后来经营着一家制衣厂，而且生意非常红火。纽曼一家生活富裕，住在纽约的富人区——布朗克斯的郊区。纽曼在家附近的一所希伯来语学校上学。与大多数抽象表现主义艺术家的悲惨童年相比，他的童年如田园诗般的快乐而美好。

　　十几岁时，纽曼开始倾心于艺术创作。那时的他经常逃学，整天呆在纽约大都会艺术博物馆里临摹现代派画家的作品。纽曼17岁时，说服父母同意他一边上高中，一边在艺术学生联盟学习,甚至从1923年到1929年他在纽约城市大学上学期间也没有中断过。

虽然非常喜欢艺术,但是纽曼却面临着接手父亲事业的压力。最终他们父子达成了一个协议,约定纽曼要在父亲的公司工作两年。在此期间,只要他能挣出100,000美元,就可以离开公司,继续追求自己的艺术梦想。

可是20世纪30年代,受经济大萧条的影响,父亲的生意一落千丈。因为不愿意变卖产业,全家陷入了经济窘境当中。后来的10年里,纽曼和父亲日夜奔波、竭尽全力挽救公司。为了贴补家

★与其他抽象表现主义画家相比,纽曼需要更大的耐心来等待世人对他艺术成就的认可。

用,他还在一所高中做兼职,讲授艺术课程。对于一个满心渴望成为画家的年轻人来说,这样的现实实在难以接受。不过纽曼却始终葆有一份乐观的心态,他觉得这些坎坷的经历对他的艺术成长很有帮助,使他从中学到了许多很有价值的艺术理念。他学会了"如何用形式来表达意义;因为

★《亚当》,巴尼特·纽曼(1951~1952年)
　　这幅作品突出体现了纽曼称之为"拉链"的绘画技巧——一条光带垂直地从画布的一边通向另一边,穿过了整幅画面。这是纽曼花了多年时间探索出的绘画方式,表达了他对抽象表现主义的独特理解。

接触到了许多现实生活中的事物,所以他在绘画时能更好地把握住它们的特征;他还学会如何化腐朽为神奇,如何区分不同事物间的不同形状。比如:女人和男人的服装就很不相同,前者如图画般柔软,而后者如雕塑般刚硬"。

1934年,纽曼遇到了一位名叫安娜莉·格林豪斯的年轻教师。他们的初次见面非常令人非常不愉快。纽曼本来就喜欢与人争辩,从不低头,没想到此次棋逢对手。两人就莫扎特和瓦格纳的艺术成就争论不休,最后气得格林豪斯拂袖而去。但1936年他们却结婚了。在那段艰难的岁月里,格林豪斯一直是纽曼的坚强后盾,给了他莫大的支持。

婚后不久,纽曼就遭遇了艺术创作的瓶颈,他对自己的作品完全失去了信心。一次,他对友人阿道夫·戈特利布说,"绘画已经走到了终点,我们也应该放弃它了"。此后的5年他没有动过画笔,而是全身心地投入了植物学、地质学和鸟类的研究当中。

在那么长时间不动画笔之后,一般来讲画家的创作也就枯竭了。但是对于纽曼来说,情况却并非如此。10年之后,他开始了新的尝试。1944年他创作了一系列以"种子"和"生长"为主题的作品。不久之后,他在威廉·德·库宁画室附近租下了一个工作间,全身心地投入到创作当中。1948年,随着作品《单一》(Ⅰ)的诞生,纽曼的艺术又焕发了新生。

纽曼创造了一种独有的绘画技巧。他先在画布上用磁带条覆盖住某些区域,然后将整幅画布涂满颜色,再把遮盖的磁带条取下,这样便可以见到垂直的光带,他将其称之为"拉链"。从《单一》(Ⅰ)以后的作品几乎都包含了"拉链"技巧。

纽曼还是一位活跃的艺术评论家和展览组织者,积极推广着抽象表现主义。在他的帮助下,很多默默无名的抽象表现主义艺术家都声名鹊起。他为贝蒂·帕森的画廊组织举办的两场极富特色的原始绘画艺术展览也受到了好评。

可是1950年,当纽曼在贝帝·帕森的画廊举办自己的个人作品展时,却听到了一片批评之声,可以想象当时的他是多么痛苦。当时他所展出的作品要么类似《单一》(Ⅰ),要么是受其启发而创作的作品。在统一的棕红色背景下,一条细细的桔红色带垂直地深入画面的中心。这种简约自然的风格与当时盛行的强烈奔放的风格形成了极大的反差,因此不为人们所接受,人们普遍认为纽曼的作品缺乏情感和精神内容。

纽曼前两次的个人作品展都以失败告终,这也使得他的经济状况进一步恶化。他又因此萌生出放弃的想法,打算回家去做服装生意。正在此时,一位重要的支持者出现了,他就是颇有影响力的评论家克莱门特·格林伯格。在格林伯格看来,一位艺术家的作品能够引起那么强烈的反应,哪怕是批评,也说明了他的价值。

直到20世纪50年代末,纽曼的艺术创作才实现了他梦寐已久的突破。1958年,他有四幅作品参加了纽约现代艺术美术馆举办的"新美国绘画"展览。他的名气也越来越大。1966年,在所罗门·R·古根海姆博物馆举办的一场名为"十字路的站"的展览中,纽曼的作品获得了一致好评,从而奠定了他在抽象表现主义中的地位。

纽曼于1970年7月4日在纽约死于心脏病。

杰克逊·波洛克 (Jackson Pollock) 1912~1956

- 1912年1月28日生于美国怀俄明州的科迪
- 1956年8月11日,因一场车祸,在纽约东汉普敦去世

主要作品

《拿刀的裸体男人》(1938年)　《夏日》(1948年)

《薰衣草之雾》(又名《第1号》)(1950年)　《蓝色极地》(Ⅱ)(1952年)

《黄岛》(1952年)

　　杰克逊·波洛克可以说是抽象表现主义最重要的先行者,也是20世纪最具创新性的画家之一。他摒弃了传统的绘画模式而将大幅画布平辅在地上作画。

　　保罗·杰克逊·波洛克于1912年1月28日出生于怀俄明州的科迪。父母亲都是苏格兰—爱尔兰后裔,他们也在美国出生、长大。波洛克是家中最小的孩子,他上面还有四个哥哥。

　　在波洛克幼儿时期,一家就来到了加利福尼亚,后来又搬至亚利桑那州。在此后的几年中,因为父亲工作的原因,他们经常在这两个州之间搬来搬去。4岁的波洛克调皮好动,在一次砍木头玩时竟然剁掉了自己的食指尖。在他9岁时,父亲离家在外工作,母亲独自照顾他们兄弟五人。因为疏于管教,波洛克养成了无法无天的个性,经常在学校里闹事。

　　1922年,波洛克的哥哥查尔斯考取了洛杉矶的奥蒂斯艺术学校,他经常往家里寄学校自办的艺术杂志,这些杂志可以说是波洛克艺术事业的启蒙者。

　　1926年,波洛克小学毕业后进入里弗赛德中学学习,并在那儿加入了后备军官训练营。尽管

★摄影师汉斯·纳姆斯为波洛克拍摄了一系列珍贵的照片。它们真实地记录了波洛克作画时的情景——他抛弃了传统的画架,把画布铺在了工作室的地板上,再运用滴、泼、溅的方式在画布上作画。

只有15岁,但波洛克却已经饮酒无度。因为酒后殴打同学,他被逐出了训练营。隔年春天,他离开了里弗赛德中学,1928年夏,他与家人一起搬到了洛杉矶。

来到洛杉矶之后,波洛克进入手工艺培训学校学习艺术。但是因为不遵守纪律,分别于1929年的3月和9月两次被学校开除。这段时间对于波洛克来说非常艰难,他还没有找到自己艺术发展的方向,也不知该往哪里走是好,因此便借助酒精来排解这种缺乏安全感和失落的情绪,但是他从此形成了对酒精的依赖,一生都没能摆脱。

因为在西部长大的缘故,波洛克对美国印第安人艺术的造型特点印象深刻。印第安人在祭祀中所使用的"沙画"艺术深深吸引了他。所谓"沙画"就是将涂彩的沙子漏过指缝洒到地上,组成一幅彩色的图案。在手工艺培训学校,他结识了神秘主义诗人克里希那穆提,他那句"爱自己,就等于爱上真理"的名言对于性格叛逆的波洛克的早期创作影响至深。

波洛克18岁时去纽约投靠哥哥查尔斯,希望能够继续他的艺术追求。在艺术学生联盟,他跟随哥哥以前的老师——美国"乡土画派"的领袖之一托马斯·哈特·本顿学习绘画。本顿一直试图创造一种独具美国特色的绘画技巧,其作品也总是以美国早期的历史为主题。年轻的波洛克对他非常崇拜,甚至为他那醉醺醺的形象所着迷,他认为只有这样才算有男子气概。这对于一个已经酗酒的年轻人来说可不是一件好事。

在此后的10年里,为了自己的艺术追求,波洛克一直过着极为清贫的生活,他做过伐木工,甚至还当过清洁员。1938年,由于不堪忍受这种生活,他的精神崩溃了,休养了6个月后才恢复正常。在哥哥桑福德的鼓励下,波洛克开始戒酒,并接受了荣格心理治疗。荣格是一位心理学家,主要根据人的潜意识活动来分析和治疗患者的心理问题。虽然酒并没有戒掉,但是荣格理论却对波洛克的创作思想产生了极大的影响,促使他的很多作品都在寻找隐藏在人们内心深处、不为人知的生命意义。

1941年,波洛克遇到了李·克拉斯,后者无论在生活上还是事业上都给了他莫大的支持。他们于1945年结婚。1942年,波洛克的事业出现了转机,他结识了著名的画商佩吉·古根海姆。此后,他开始在她的画廊展出作品。1944年,《国家》杂志刊登了波洛克的几幅作品,从而引起评论家克莱门特·格林伯格的关注。他非常欣赏波洛克的才华,赞扬他的作品"热情洋溢,极具生命力"。

从这时起,虽然也遭到了很多的批评,但是波洛克的作品开始得到越来越多人的认可。只不过他的经济状况一直都没有得到改善。

★《薰衣草之雾》(又名《第1号》),杰克逊·波洛克(1950年)
这部作品是波洛克"滴画"技术中最具代表性的一幅。那些密布画面、纵横扭曲的线条传达出一种不受拘束的活力和随心所欲的动感。

自1947年起,波洛克开始用他首创的"滴画"技术进行创作。随后,他和克拉斯搬到了长岛居住。他的绘画方式是:将画布平铺在地上,用滴、泼、溅的方式直接将颜料喷洒在画布上,让颜料在重力作用下自然的流动,形成意想不到的效果。在绘画的过程中,他整个身体都在运动,或是绕着画走,或是站在画中间,这种如催眠状态般的专心致志正是其作品形成"独立生命"的关键所在。波洛克偏爱在画作中留下自己的痕迹,比如手印、脚印、尿迹和烟灰。他曾在1947年的一份宣言中这样描述他的作画过程:"我需要坚硬的平面所具有的抗性。我感到在地板上绘画更加轻松,因为这么一来,我便能在画的周围走动,从四面去画,简直可以说是置身画中。这样,我觉得与画更接近,更感到自己是画的一部分"。

很多因素影响了波洛克的艺术风格,包括墨西哥壁画艺术、美国印第安人的沙画和他们祭祀时的舞蹈。不仅如此,波洛克对表达"潜意识"的荣格心理学也很感兴趣,他还崇拜立体主义画家塞尚和毕加索。

★《蓝色极地》(Ⅱ),杰克逊·波洛克(1952年)

波洛克成名于1949年,当时的一本生活杂志曾这样设问:"波洛克是否是美国目前健在的最伟大的画家?"在《蓝色极地》(Ⅱ)诞生20年后,这幅代表作被澳大利亚政府以两百万美元的价格购得。这一事实也许就是答案。

从1953年开始,波洛克的抑郁症越来越严重,终日沉溺在酒精当中。虽然妻子克拉斯的艺术事业开始起步,可是波洛克本人却遭遇了创作的"瓶颈"期,他没有创作出新的作品,只是在反复修改以前的作品而已。他的创作灵感似乎已经枯竭,这与他长年的酗酒不无关联。波洛克虽然创造出20世纪最具独创性的"滴画"技术,可是他似乎无力将其再发展下去了。

到1956年春,波洛克已经连续18个月没有动笔了。此时的波洛克发现评论家们并没有真正了解他的作品。在他看来,抽象表现主义作品中应该不再像传统艺术家那样追求再现,应该摆脱形体艺术的影响,关注内在精神和情感的表达。这一理念多少年来一直困扰着波洛克的思想,这

汉斯·霍夫曼(Hans Hofmann)1880~1966

汉斯·霍夫曼于1880年生于巴伐利亚。青年时期的他曾经学过机械。但在19世纪90年代末,他进入艺术学校并开始接触后印象派。在1904到1914年这段欧洲现代艺术产生的重要时期,他一直住在巴黎,与德劳内、马蒂斯、毕加索、布拉克等人结为好友,并且在与他们的交流过程中学会了运用色彩的基本技巧。霍夫曼热衷于艺术教育,1915年他在慕尼黑开办一所艺术学校。

1915年至1938年间,因为一直潜心教学,所以霍夫曼的画作较少。1940年,李·克拉斯成为了他的学生。通过她,霍夫曼结识了杰克逊·波洛克等抽象表现主义艺术家。在绘画上,霍夫曼不赞同波洛克的方法,他运用更规范的方法作画:他总是从自然界中挑选素材,作品也总是描绘具体的对象。他希望通过绘画行为或是作品本身来传达潜意识。

直到20世纪40年代末,霍夫曼的艺术家身份才得到了承认。1944年,他以64岁的高龄在佩吉·古根海姆的画廊首次举办了个人作品展。1966年2月17日,他在纽约去世。

一阶段变得更严重了。他对自己的作品不再自信了,并且完全停止作画。

在与艺术史学家塞尔登·罗德曼进行的一次颇具争议的访谈中,波洛克谈到,他认为所有的艺术品其实在某种程度上都有一个具体形象,即便是在那些无意识中诞生的作品中,也会不可避免地出现一些可以辨识的形状。

1956年8月11日晚,因为酒后驾驶,波洛克在一场车祸中丧生。同车的还有他的情妇鲁思,不过她却幸免于难(当时波洛克已经与妻子克拉斯分居)。就在他去世的这一年,在美国纽约现代艺术美术馆举办的波洛克大型画展成为对他最好的纪念。

阿德·莱因哈特（Ad Reinhardt）1913~1967

- 1913年12月25日出生于美国西部城市布法罗
- 1967年8月30日于纽约去世

主要作品

《抽象画》（1959年）　"黑色"系列（1963年）　《抽象画》（1960~1966年）

阿德·莱因哈特的艺术风格介于抽象表现主义晚期和极小主义早期之间。他个性独立，对当时纽约许多艺术家的做法感到不满，他指责他们为了金钱而滥用了自己的艺术才华。他追求纯粹的艺术表达，坚信"艺术就是艺术，现实就是现实"，这二者必须严格区分开来。在他看来，那些宣称自己的作品有多么了不起的画家都是大骗子，很让人瞧不起。虽然对这些画家都不屑一顾，但不可否认的是，莱因哈特的艺术风格在很大程度上受到了抽象表现主义的影响。

莱因哈特在1913年平安夜出生在纽约。他的父母都是移民，父亲来自俄国，母亲是德国人。从孩童时代起，莱因哈特就对艺术产生了极大的兴趣。他7岁时就已经在绘画比赛中获奖，展露出了他的艺术天分。此后他还因一幅给拳击手杰克·邓普赛画的铅笔素描而获奖。

莱因哈特22岁时进入哥伦比亚大学学习，成为著名艺术史家梅耶·夏皮罗的学生。除了绘画，莱因哈特在课余对政治和写作也产生了浓厚的兴趣，并因此成为校刊《小丑》的编辑。莱因哈特25岁以后才开始专注于艺术创作，并迅速打入了纽约的前卫艺术圈。离开哥伦比亚大学后，他设法在联邦政府艺术计划管理委员会找到了一份工作，也正是在这个时候，他发现自己被抽

★这是莱因哈特晚年所拍的一张照片,在他身后的是他"黑色"系列作品中的一件。

象艺术深深地吸引住了。他曾说过,"我是为抽象艺术而生的,抽象艺术也因我而存在"。通过联邦艺术管理委员会,他结识了许多艺术家并于1937年加入了美国抽象艺术家联盟,该组织旨在推广抽象艺术在美国的影响力。当时很多著名的抽象主义艺术家都是该组织的成员。

★《抽象画第5号》,阿德·莱因哈特(1962年)
在这一作品中,整幅画面都使用了单一的黑色。这被莱因哈特称为"只此一家,决不会被错认"的作品。

联邦政府艺术计划一直在资助莱因哈特,直到1941年他在《PM》报找到了一份记者的工作。1942年,在日本偷袭珍珠港事件后,美国加入了二战,莱因哈特也因此被迫离开报社,加入了海军。他说,"军方不知道该如何安排我,于是他们让我做摄影师……我总是呆在一群小伙子中间,当时我已经29岁了,被他们称为'老爹',我是那支队伍中的老家伙"。

1945年退役后,莱因哈特回到《PM》报社工作,但不久就被解雇了。此后,他便一直在布鲁克林大学教书。莱因哈特从不认为自己是一名优秀的教师。他在临死前说,"我虽然教了20年的书,但从来都不是一位好老师。对此,我感到很自豪"。在教书的同时,他还进行艺术评论,不过他的评论总是以对艺术界的批评为主,充满了嘲讽的口气。作为评论家,莱因哈特的艺术影响力逐渐增强,但在内心深处,他仍然怀有一个梦想,那就是成为一名艺术家。

1946年,莱因哈特终于迎来了事业上的转折点,他在贝蒂·帕森的画廊举办了首次个人作品展。在此后的10年里,人们争相购买他的作品,莱因哈特成功地通过他的作品赚钱了。人生就是这么滑稽,他一直很瞧不起那些靠卖画为生的画家,认为卖画是件很低级、浪费才华的事情,没想到最终自己也成为这其中的一员。

从1953年起,莱因哈特开始用单色绘画,如红色、黑色和蓝色。在单色块中会出现一些内在的形象,以明亮度或调子微妙不同的色彩组成更小的矩形、正方形,或者正十字形。70年后,也就是在20世纪60年代莱因哈特在黑色中把他的风格推向了极致。在一个5平方英尺的平面里画着许多黑方块,这些黑块之间没有联系,没有变化,看起来没有任何含义。这样的作品绝对史无前例,他自己称其为"决不会被错认"的作品。逐渐地,莱因哈特实现了从抽象表现主义向极小主义的过渡,他把所有的东西都变到最小化,在这些极小主义作品中,没有线条和形象,没有形状和构图,没有视觉、感觉和冲动,没有象征,也没有装饰性、色彩或图画性。

在莱因哈特的晚年,他依靠卖画积累的财富实现了自己长久以来的第二个梦想,那就是去遥远的东方旅游。1958年,他访问了日本、印度、巴基斯坦和埃及。1961年他又去了土耳其、叙利亚和苏丹。

1967年,位于纽约的犹太博物馆为莱因哈特举办了盛大的作品回顾展。因为作品风格横跨了抽象表现主义和极简主义,所以他被看作是现代艺术运动的重要成员,他对此感到非常自豪。他曾经半开玩笑地说,"在过去的30年里,我是唯一一位涉足所有前卫艺术领域的画家"。1967年8月30日,莱因哈特在纽约去世。

马克·罗思科(Mark Rothko) 1903~1970

- 1903年9月25日生于立陶宛的德文斯克
- 1970年2月25日于纽约去世

主要作品

《无题》(黄、红、桔)(1954年)

《黑色中的淡红》(1957年)

《褐红色中的黑色×8》(西格莱姆壁画)(1959年)

★这幅照片摄于罗思科生命的最后阶段,反映出他抑郁的一面。最终他被巨大的财富和声望击垮了。

马克·罗思科原名马库斯·罗思科维奇,于1903年9月25日出生于一个犹太家庭。他有两个哥哥、一个姐姐。父亲雅各布·罗思科维奇是一名药剂师,有着非常传统的家庭观念,对子女的管教也很严厉。在当时的俄国,犹太人遭受到严重的迫害和攻击。这种恐惧和极不安定的感觉在孩童时代的罗思科心底留下了深深的烙印,并笼罩了他的一生。

罗思科7岁时,他的父亲带着两个哥哥移民到了美国。三年后,母亲带着其余的孩子也随之而来。他们在俄勒冈州的波特兰市安了家,一家人终于得以团圆。但不幸的是,仅仅7个月后,父亲就去世了,留下一家子人挣扎着生活。罗思科后来回忆道,小时候的他很少能吃饱饭,所以总是感到饥饿。

与其他艺术家不同的是,罗思科在童年和少年时期都没有成为艺术家的打算。他在学校时的成绩很好,1921年,因为得到了奖学金而得到去耶鲁大学深造的机会。但是也许是因为歧视犹太人的缘故,这份奖学金在6个月后被取消了,罗思科不得不去打零工以赚取学费。他当过服务员,还送过报纸。去耶鲁上学之前,他本打算成为一名工程师。但是,两年后,也就是在他20岁时,他决定中途休学,他想"去四处看看,游手好闲一番,也许再去挨饿什么的"。

罗思科先去了纽约,一年后进入艺术学生联盟学习。尽管在这里学了两年,但是罗思科仍然认为自己是个自学成才的画家。几年后他在布鲁克林中央美术学院找到了一份教师的工作(这是一所犹太教的附属学校)。为了能支撑自己绘画的开销,他还兼职做演员,在剧院后台画画,闲

★《中央绿色Ⅰ》,马克·罗思科(1949年)
这幅画体现了罗思科"色域画派"早期的创作风格。在这一时期他大量运用了明亮的色彩。

暇时画一些插图。

　　1932年,罗思科与珠宝设计师伊迪丝·撒切尔结婚。同其他抽象表现主义画家一样,他也在为联邦政府艺术计划工作,并因此结识了更多的同行。1935年,他先后遇到了俄国画家阿希尔·

★《第7号》,马克·罗思科（1951年）

　　罗思科这个时期创作的作品经常是在一幅垂直的画布上,画着三个平放着的长方形色块。评论家们将其解读为"人间、天堂和地狱的象征"。而罗思科自己认为它们分别代表了"悲剧、狂喜和毁灭"。

高尔基和纽约画派的阿道夫·戈特利布。他们共同组织了"十人组",该团体由一群表现主义画家组成,在此后的十年里他们经常一起举办展览。1938年,罗思科正式成为了美国公民。两年后,他打算将名字改为马克·罗思科,这样听起来感觉更像是个美国人,不过直到1959年他才得以在官方注册。

在二战期间,罗思科与伊迪丝·撒切尔离了婚,1944年他娶了第二任妻子玛丽·爱丽丝。他的事业也有了起色,他先后遇到了波洛克、威廉·德·库宁等许多志同道合的画家。

1945年,罗思科在佩吉·古根海姆的画廊举办了自己的首次个人作品展览。这可以算是他一直梦寐以求的事业上的突破口,10年过后,他的作品获得了广泛地认可。

1949年,罗思科抛开形体艺术,开始了被他称为"色域绘画"的创作。罗思科试图通过色块的形状和大小来表达内心的感受和情感,不用任何具体形象去阻碍观众对画作的欣赏。他认为作品是画家个人情感和精神内涵的载体,观众看到作品,便能够体会出与作者一样的情感和感受。"很多人看到我的作品时都会失声痛哭,这是因为这些作品传递了人类的基本情感,那些在我作品面前哭泣的人同我一样体会到了这些情感。"

阿道夫·戈特利布 (Adolph Gottlieb) 1903~1974

阿道夫·戈特利布1903年3月14日出生于纽约。1919年高中毕业后他加入了艺术学生联盟,在这里他结识了纽约画派的其他成员。1935年,他与罗思科一起创建了"十人组",主要创作表现主义和抽象派风格的作品。

1970年,一次中风使得戈特利布的左半身完全瘫痪。但是即使坐在轮椅上,他还依然坚持创作。1974年3月4日他在纽约去世,享年69岁。

罗思科在创作过程中非常注重观众的感受。在他看来,一部作品的意义和价值是由观看它的观众来决定的。如果观众能够被作品所打动,并驻足观看的话,那么这幅作品就有了生命力。反之,如果观众对它没有什么反应,这部作品便毫无存在的价值,只不过是废纸一张。因此,对他来说,每幅作品的面世都存在着一定的风险,都在等待观众的最终裁决。1952年,因为担心这些画作的反响,他甚至拒绝了惠特尼博物馆的购买要求。

纽约现代艺术美术馆首次举办了罗思科的作品回顾展,随后他又在伦敦举办了个人作品展览。展览获得了巨大的成功,为他在欧洲和美国艺术界都赢得了很高的声望。但是这一切并没有减轻他长期的抑郁和不安,以至于他不得不求助于酒精来减轻痛苦。他变得神经紧张,越来越难以相处,得罪了很多朋友,在他宣称自己"教会纽曼画画"之后,波洛克、纽曼等好友都与他断绝了关系。他和爱丽丝的婚姻也走到了尽头。在生命中的最后几个月里,他孤苦伶仃,独自一人在画室里生活、工作。1970年2月25日,他选择以自杀的方式结束了自己的生命。

克里福德·斯蒂尔 (Clyfford Still) 1904~1980

- 1904年11月30日出生于美国北达科他州的格兰丁
- 1980年6月23日在美国马里兰州的巴尔的摩逝世

主要作品

《1963A》（1963年）　《1945年七月》（1945年）　《无题》（1961年）

　　克里福德·斯蒂尔是一位很有抱负的艺术家。对他来说,生命中最重要的事就是确立自己独树一帜的抽象表现主义创作风格,这一理想既为他带来了批评,也带来了赞美。虽然他的创作目标和创作风格与其他抽象表现主义画家并无二致,但斯蒂尔总是特立独行,带着一副"圈外人"的姿态。时至今日,评论家们还在争论不休,不知是否应该把他划进抽象表现主义艺术家的范畴。

　　1904年11月30日斯蒂尔出生于北达科他州的格兰丁。父亲是一名会计,在他1岁时,全家搬到了华盛顿。他6岁时,因为加拿大政府开放了阿尔伯达省吸引人们来居住,于是他们全家又搬到那里。斯蒂尔在那里度过了快乐的童年,所以长大后他也经常会回去探望。

　　在华盛顿的爱迪生中学上学期间,斯蒂尔对音乐和艺术产生了浓厚的兴趣。毕业后他经常去纽约的大都会艺术博物馆参观。出于对艺术的热爱,他进入艺术学生联盟学习,但不久之后就离开了,因为他觉得那里的教学很死板,对他的艺术创作也没有什么用。

　　1926年,他进入华盛顿斯波坎大学学习。但不久他就休学回到了加拿大的家中。1931年,尽管是中途休学，斯蒂尔仍然在斯波坎大学获得了一个当艺术助教的机会。他也因此发现自己原来很喜欢教学。在此后的10年中，他一直在此教书，并于1933年起兼任华盛顿州立大学的讲师。虽然与学生们相处得很愉快，但是他总是觉得老师们都缺乏个性、很无趣，他对同事们那循规蹈矩的教学方法感到厌烦。

斯蒂尔一直没有放弃当画家的梦想。他曾经两度参加了艺术村的夏令营，这两次经历为他提供了很好的机会来重新衡量自己的创作。在此之前，他的创作是比较侧重装饰性和形象艺术

★在这张照片中，斯蒂尔坐在最后一排从右数的第三个位置上，周围站着包括德·库宁、纽曼及波洛克在内的抽象表现主义艺术家。

的。此后斯蒂尔开始着手改变风格,从表现主义开始研究新的创作技法。30岁时,他的作品第一次公开面世。当时,国家设计学会正在准备举办年度展览。他们从收到的1,500幅作品中选出了斯蒂尔的作品参展。不久之后,斯蒂尔离开华盛顿来到了加利福尼亚,在一家造船厂工作。但是他依然没有放弃绘画。这段时期他的绘画风格和技巧又发生了变化,他开始使用巨幅的画布,色彩的运用也变得较为浓厚了。这种技巧与当时纽约盛行的抽象表现主义创作有着很大的相似之处。1943年3月,他在旧金山博物馆举办了个人作品展,这是他事业上的一个重大转折。

不久之后,在加州大学伯克利分校的暑期班上,斯蒂尔与马克·罗思科相识,当时他们都在那里教学。这份友谊对两人的影响都很大,从一开始他们就是互助和竞争并存的状态。罗思科将斯蒂尔介绍给了佩吉·古根海姆,在她的邀请下,斯蒂尔的作品出现在她的秋季沙龙展览中。1946年,斯蒂尔在她的画廊里举办了个人作品展。当时他对此非常紧张,因为害怕参加开幕式,他甚至打算逃离纽约。

1947年斯蒂尔回到加拿大继续教学。在无人帮助的情况下,他亲手给自己盖了一座小房子。但他并没有中断与纽约方面的联系。在罗思科的帮助下,他的作品有时还会参加某些展览。尽管他们交情深厚,但也总是在互相竞争,暗中较劲。尤其是罗思科,他密切关注着斯蒂尔的动态,甚至连他作画时用的画布的大小都要打听。斯蒂尔意识到这一点后,便使坏说,"告诉他,我现在就在邮票那么大的画布上作画"。这当然与实际情况相差甚远,但斯蒂尔非常注重保护自己的作品。因为他觉得只要见过他的作品,观众就可以释放出他们的情感,得到绝佳的精神体验。

20世纪40年代末,斯蒂尔在加利福尼亚名声大噪,他的作品供不应求,售价也越来越高。此时的他渴望能够与罗思科一起,在纽约建立一所专门的艺术学校。但是斯蒂尔缺乏耐心,不愿意妥协。在学校的筹备过程中,他受够了那些同行的犹豫不决,这样的等待对他来说实在是太漫长了。所以,当艺术学校最后终于办起来的时候,斯蒂尔已经回到了加利福尼亚,并没有参与其中。

★《陌生》，克里福德·斯蒂尔（1944年）

斯蒂尔总是与其他的抽象表现主义画家保持着一定的距离。从这幅他早期的作品中，我们可以看出他在尝试创造出一种新的风格。

虽然许多抽象表现主义艺术家都酗酒并患有抑郁症，但是斯蒂尔强烈的独立个性也许帮了他的忙，避免了这些自我伤害的倾向。但是这种个性也有它的负面影响。斯蒂尔变得越来越难以相处，甚至不愿意展出自己的作品，他还放弃了在欧洲举办展览的机会。但是，在1959年，他在纽约和布法罗的奥尔布赖特-诺克斯艺术馆举办了个人作品展览，并获得了巨大的成功。在20世纪60年代，他的作品大都在画廊展出，他的知名度也越来越高。与其他抽象表现主义画家不同的是，斯蒂尔生前就幸运地看到自己被冠以"20世纪美国最伟大的画家之一"的头衔。1980年6月23日，他在巴尔的摩去世，享年76岁。

新生代

抽象表现主义的影响力并不仅仅局限于纽约,它还深刻影响着加利福尼亚的许多艺术工作者,尤其是那些师从大卫·帕科的学生们,他们当时在位于旧金山的加利福尼亚美术学院学习。

★《贪婪的脚印》,弗兰克·斯特拉(1962年)
　　这是一幅用普通刷墙漆作为颜料所绘制的作品。它在形式上严格对称,看上去与抽象表现主义画家的作品很不相同。很明显,包括斯特拉在内的这些极简主义的画家,试图通过他们的创作手法表现出对抽象表现主义的叛离。同时这也说明,他们受到了抽象表现主义的影响。

理查德·德贝康（Richard Diebenkorn）·1922~1993

理查德·德贝康于1922年出生在俄勒冈州。他从孩提时代起就开始画画,作品深受众多抽象表现主义画家的影响。1940年,他在纽约初次接触到罗伯特·马瑟韦尔和其他表现主义画家的作品。20世纪40年代中期,他跟随斯蒂尔和罗思科学习艺术创作,50年代初期,他开始为阿希尔·高尔基的作品着迷。德贝康于1993年去世。

极简主义

极简主义与抽象表现主义的创作理念往往背道而驰。比如,极简主义反对波洛克的"滴画"技术及其采用的即兴绘画方式,他们认为画家必须想清楚了该怎么画才能动笔。代表人物包括卡尔·安德烈、丹·弗拉文、唐·裘德、罗伯特·莫里斯和弗兰克·斯特拉。

埃尔斯沃思·凯利（Ellsworth Kelly）1923~

埃尔斯沃思·凯利于1923年5月31日出生于纽约。1946年至1947年间,他在波士顿美术馆附属学院学习绘画,随后他到培养艺术家的摇篮——巴黎布杂建筑艺术学院深造。在法国,凯利第一次接触到超现实主义,并于1950年结识了超现实主义画家阿尔普。

1954年,凯利回到了纽约工作。1951年他就在巴黎举办了个人作品展,但是在纽约的个人展却拖到1956年才得以实现。3年后,他参加了由纽约现代艺术美术馆举办的"十六个美国人"的展览,其作品就摆在弗兰克·斯特拉的作品旁边。

弗兰克·斯特拉（Frank Stella）1936~

弗兰克·斯特拉于1936年出生于美国马萨诸塞州的莫登。他14岁时进入位于安多佛的菲利普斯学院学习艺术，接着又前往普林斯顿大学攻读历史学学位。阿德·莱因哈特的作品极大地激发了他的创作灵感。1959年至1961年间，斯特拉用普通的刷墙漆作为颜料，用黑色作为背景色，创作了许多"黑暗画"，具有典型的极简主义风格。他有四幅作品参加了在纽约现代美术馆举办的"十六个美国人"的展览。当时还有埃尔斯沃思·凯利，贾斯珀·约翰斯和罗伯特·劳申伯格的作品参展。斯特拉目前生活在纽约，他一直没有停止艺术创作。

图书在版编目（CIP）数据

表现主义艺术家与抽象表现主义艺术家/(英)霍尔姆,(英)麦肯齐,(英)巴尔内斯著;吴静译.
—天津：天津教育出版社，2008.1
（艺术家传略丛书）
ISBN 978-7-5309-5041-8

Ⅰ.表… Ⅱ.①霍…②麦…③巴…④吴… Ⅲ.①表现主义—艺术家—列传—世界—青少年读物②抽象表现主义—艺术家—列传—世界—青少年读物 Ⅳ.K815.7-49

中国版本图书馆 CIP 数据核字（2007）第 167453 号

EXPRESSIONISTS © Reed Educational and Professional Publishing Ltd 2002
ABSTRACT EXPRESSIONISTS © Harcourt Education Ltd 2002
This edition is published in Great Britain by Heinemann Library, Halley Court, Jordan Hill, Oxford OX2 8EJ, part of Harcourt Education. Translated by Tianjin Education Press from the Original English language version. Responsibility of the accuracy of the translation rests solely with Tianjin Education Press and is not the responsibility of Harcourt Education.

天津市版权局著作权合同登记
图字：02-2006-80 号

表现主义艺术家与抽象表现主义艺术家

墨瑞丽恩·霍尔姆
圣布里奇克·麦肯齐
蕾切尔·巴尔内斯 / 著
吴静 / 译

选题策划 / 袁　颖
责任编辑 / 刘　香
装祯设计 / 王伟毅

出 版 人	肖占鹏	
出版发行	天津教育出版社	
	天津市和平区西康路 35 号	
	邮政编码 300051	
经　销	新华书店	
印　刷	天津泰宇印务有限公司	
版　次	2008 年 1 月第 1 版	
印　次	2008 年 1 月第 1 次印刷	
规　格	16 开（787×1092 毫米）	
字　数	68 千字	
印　张	9	
定　价	22.00 元	